SUR LES TRACES DU LÉOPARD

BIOGRAPHIE

Petite fille, Lucy Daniels aimait beaucoup lire, et rêvait d'être écrivain. Aujourd'hui, elle vit à Londres avec sa famille et ses deux chats, Peter et Benjamin. Originaire de la région du Yorkshire, elle a toujours aimé la nature et les animaux, et s'échappe à la campagne dès qu'elle le peut.

ILLUSTRATIONS INTÉRIEURES: WILLIAM GELDART

Un grand merci à Susan Bentley

L'auteur remercie également C. J. Hall, médecin vétérinaire, qui a revu les informations contenues dans ce livre.
Conception de la collection : Ben M. Baglio
Titre original :
Leopard at the Lodge

Publié pour la première fois par Hodder Children's Books, Londres

Loi n°49-956 du 16 juillet 1949 sur les publications destinées à la jeunesse
Dépôt légal : février 2001
ISBN : 2 747 000 59 1

NOS COMPAGNONS
S.O.S. ANIMAUX

SUR LES TRACES DU LÉOPARD

LUCY DANIELS

TRADUIT DE L'ANGLAIS
PAR PATRICK CHARIGNON

BAYARD JEUNESSE

LES HÉROS DE CETTE HISTOIRE

Cathy Hope a douze ans, et une passion : les animaux. Son ambition est de devenir vétérinaire, comme ses parents. La souffrance des animaux lui est insupportable et elle ne manque jamais une occasion de leur porter secours.

Adam et **Emily Hope** sont les parents de Cathy. Ils dirigent une clinique vétérinaire, l'Arche des animaux, où Cathy passe tout son temps libre.

James Hunter est le meilleur ami de Cathy. Il partage avec elle l'amour des animaux et la suit dans toutes ses aventures.

Tom et **Dorothy Hope** sont les grands-parents de Cathy. Ils vivent au cottage des Lilas, et sont toujours prêts à venir en aide à leur petite-fille.

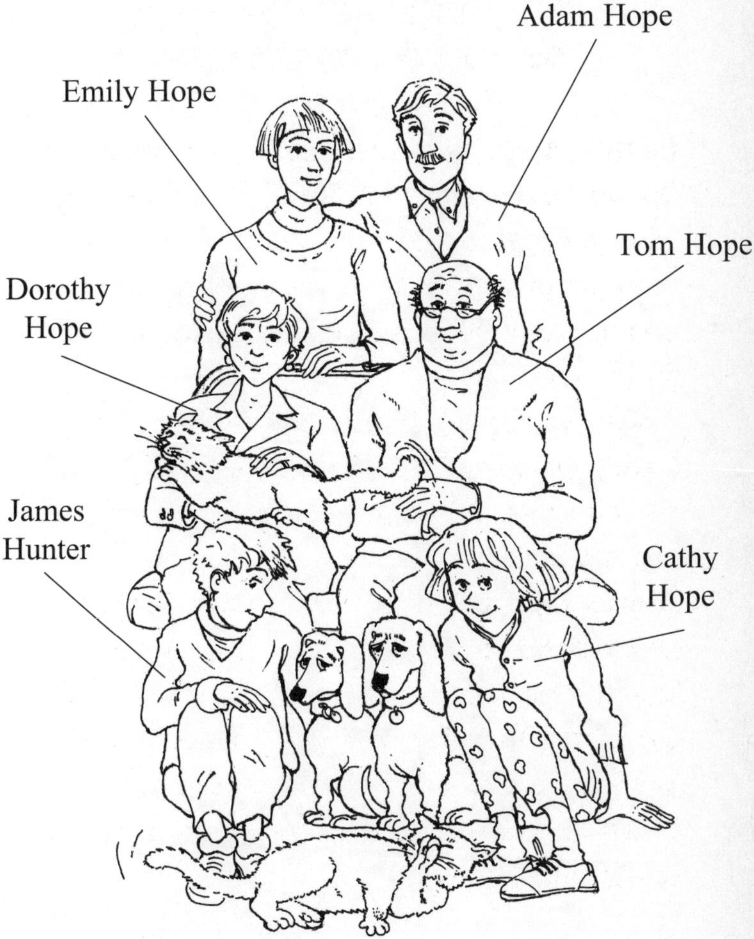
Adam Hope
Emily Hope
Tom Hope
Dorothy Hope
James Hunter
Cathy Hope

1

– J’ai mes jumelles ! À moi les éléphants, les lions, les buffles, les troupeaux de gnous…, s’enthousiasmait Adam Hope en admirant le barrage et le lac artificiel qui s’étirait en dessous du village d’Ubungane.
– Il te faudrait beaucoup de chance, Papa ! s’exclama Cathy en protégeant ses yeux des reflets éblouissants de l’eau.
C’était la fin de l’après-midi, et ils venaient juste d’arriver sur leur lieu de vacances, situé dans une immense réserve naturelle en Afrique du Sud.

– Même ici, on ne voit pas tous ces animaux en même temps ! reprit Cathy.

– Ah, je ne sais pas ! Souviens-toi de ce que dit Levina, répondit son père : « En Afrique, tout peut arriver ! »

Les parents de Cathy dirigeaient une clinique vétérinaire dans le Yorkshire. Ils étaient venus rendre visite à leur amie, le docteur Levina Lemiso, qui travaillait dans une base de recherches. Levina leur avait proposé de rester à Ubungane, chez Pam et Tony MacKenzie.

Cathy sourit à son meilleur copain, James Hunter, qui passait les vacances de Pâques avec eux.

En rejetant ses cheveux en arrière, elle lui dit :

– C'est censé être l'hiver ici, et il fait plus chaud que chez nous en été !

– C'est bien pour cela que je vais aller piquer une tête dans la piscine, dès que nous aurons déballé nos affaires, déclara M. Hope.

– Avis à la population ! cria Emily Hope en apparaissant à la porte de la réception.

David va nous montrer nos bungalows. Il est né ici et connaît tout ce qu'il faut connaître !

David avait les cheveux blonds et la peau bronzée. Cathy savait que les MacKenzie avaient deux enfants : David, treize ans, et Sophie, neuf ans.

– Ouf, pas de tentes cette fois ! dit Cathy à James.

Quand ils étaient allés voir Levina au Congo et au Kenya, ils avaient campé à l'extérieur de la base. Le séjour actuel s'annonçait plus confortable.

– Salut ! Bienvenue au village d'Ubungane ! les accueillit David MacKenzie. C'est par ici.

Cathy et James rassemblèrent leurs bagages et le suivirent à travers les pelouses parfaitement entretenues.

– Levina passera nous voir ce soir. Elle est allée prendre des nouvelles d'un jeune léopard qui a perdu son bracelet de surveillance, leur dit Mme Hope.

– Oh ! J'espère que ce n'est rien de grave, dit Cathy.

L'idée de la proximité des léopards la fit

frissonner, mais elle était inquiète pour le petit félin.
– Je suis sûre que le léopard va bien. Ces bracelets se perdent facilement, la rassura sa mère.
– Chaque bungalow porte un nom d'animal, expliqua David. Monsieur et Madame Hope, vous êtes dans le Gazelle, et Cathy et James dans le Leela.
– Tiens ! Je n'ai jamais soigné un leela ! dit M. Hope en se grattant le menton.
– Oh ! Papa !
Cathy, habituée aux blagues de son père, leva les yeux au ciel.
David sourit :
– Leela est une femelle léopard que Sandie Howard a élevée au biberon. Maintenant, elle a été remise en liberté.
– Sandie Howard, la grande spécialiste des félins ? J'ai lu un de ses articles dans un magazine sur le monde sauvage, dit James.
– C'est exact. Elle est très connue par ici, répondit David. Elle travaille à la base de recherches depuis huit ans. C'est là que

vivait Leela, dans son *boma,* avant d'apprendre à chasser par elle-même.
– *Boma*? Je croyais que ça voulait dire « village », s'étonna Cathy.
– C'est juste, mais ce mot a d'autres significations, comme « enceinte » ou « aire de repos pour touristes », expliqua David. Sandie travaille actuellement dans le Sud, mais elle vient régulièrement voir si Leela va bien.
« Sandie doit être émue de voir en liberté le léopard qu'elle a élevé, et un peu inquiète aussi ! » pensa Cathy.
– Leela s'approche-t-elle d'ici ? demanda James.
Ils étaient maintenant arrivés à leurs bungalows.
– Avec un peu de chance, tu la verras à la jumelle, répondit David. Mais si elle vient, elle ne pourra pas entrer dans le périmètre du village. Seuls les animaux inoffensifs ont le droit de se promener librement.
– Ouf ! Je n'ai pas très envie de me trouver nez à nez avec un léopard ou un lion en

allant prendre mon petit déjeuner ! lança le père de Cathy.
David passa la main dans ses cheveux.
– Aucun risque, Monsieur Hope, dit-il, amusé. Vous avez dû remarquer les gardes armés à toutes les entrées. Un léopard reste un léopard.
– C'est un animal imprévisible et extrêmement dangereux, renchérit Emily Hope.
– Personne, à part Sandie, ne se risquerait à approcher Leela, acquiesça David. Surtout maintenant qu'elle a deux petits.
– Des petits ? Ce serait merveilleux de les apercevoir avec leur mère, s'écria Cathy, excitée.
– Tu sais, si tu cherches bien… Allez, je vous laisse vous installer. Vous trouverez des boissons fraîches à l'intérieur.

Quelques minutes plus tard, Cathy et James examinaient les photos qui décoraient les murs blancs de leur bungalow, tout en buvant du jus de mangue.
– Elles sont superbes ! s'exclama Cathy.

Elle lut la légende d'une des images : « Leela à trois mois. Elle a encore son duvet de bébé. »
Sur une autre photo, le léopard courait après quelque chose qu'une jeune femme traînait avec une ficelle.
– Regarde celle-ci, dit James. « Sandie jouant avec Leela, 13 mois. » Je me demande quel âge elle avait quand elle a été relâchée.
– David le sait peut-être. On va lui demander.
Cathy vida son verre, montra la paroi d'herbes tressées qui séparait la pièce en deux. Chaque partie abritait un lit, surmonté d'une moustiquaire soigneusement nouée.
– Où veux-tu dormir, James ?
– Ça m'est égal, répondit-il en fouillant dans son sac. Ah ! Je l'ai.
Il sortit son appareil photo, puis regarda par la fenêtre :
– Je vais faire de super prises avec ce nouvel objectif !
Cathy abandonna ses affaires et le rejoignit.

Leur bungalow était situé sur une colline d'où ils avaient une vue magnifique sur les environs. Une famille de girafes était venue boire au bord du lac. Elles pliaient leurs longues jambes en étirant leur cou pour atteindre l'eau.

– Qu'est-ce que c'est beau, ici ! soupira Cathy. J'ai vraiment hâte de revoir Levina.

– Moi aussi ! fit James, en regardant sa montre. Ouah ! On n'a plus qu'une heure avant le dîner. On s'occupe des bagages ou on va se baigner ?

Cathy jeta un coup d'œil sur sa valise ouverte :

– On déballera plus tard, ne perdons pas de temps !

2

Cathy entendit des bruits d'éclaboussures alors qu'ils s'approchaient de la piscine. M. Hope s'agitait au milieu du bassin, envoyant des paquets d'eau.

– Ton père n'est pas vraiment un bon nageur ! commenta James.

Cathy répondit en riant :

– Maman dit qu'il est plus enthousiaste qu'efficace.

Soudain, un petit animal brun jaillit des buissons. Rond, avec un museau pointu, des petites oreilles, il ressemblait à un gros cochon d'Inde. Il leva la tête, lança un regard curieux à Cathy et James, puis se jeta dans la piscine.

– On dirait un daman[1], dit Cathy. Ils vivent dans les collines. Que fait celui-ci dans une piscine ?

Ils regardèrent, bouche bée, le petit animal nager tout droit vers Adam Hope, qui flottait à présent sur le dos, les yeux fermés.

– Papa ! Attention ! cria Cathy.

Trop tard ! La petite créature surgit de l'eau et grimpa sur le radeau humain. M. Hope poussa un hurlement et battit des bras.

– Quelle horreur !

James détourna le regard alors que l'homme et le daman s'enfonçaient dans un tourbillon de bulles.

Une petite fille blonde se précipita vers la piscine.

– Oh ! Non ! s'écria-t-elle, tandis que le petit animal remontait à la surface, suivi par

---

[1] Mammifère ongulé, herbivore, de la taille d'un lapin, vivant en Afrique et en Asie.

un M. Hope tout essoufflé. Dilly, viens ici !
La fillette ressemblait tellement à David MacKenzie que Cathy n'eut aucun doute : c'était sa sœur, Sophie.
– Dilly est à toi ? lui demanda-t-elle, surprise.
Elle ne connaissait personne qui aurait choisi un daman comme animal domestique.
La petite fille acquiesça en se mordant les lèvres, gênée par le comportement de son protégé.
– Excusez-moi, Dilly a l'habitude de se baigner avec moi. Dilly ! Ici !
Le daman dressa les oreilles. Maintenant que son « radeau » avait coulé, il nageait vers le bord du bassin. Son nez dépassa de l'eau et il cligna joyeusement des yeux vers son public.
– Pouah !
M. Hope avait senti ses pattes et son poil mouillé lui effleurer le visage.
– C'était quoi, cette horreur ?
– Un daman ! Il s'appelle Dilly ! Ça va, Papa ?
Cathy essayait de ne pas rire.

– Je suis vraiment désolée ! Dilly ne vous aurait pas fait de mal, ajouta la fillette.
Elle s'agenouilla et prit le petit animal dans ses bras.
– Vilain ! le gronda-t-elle en le câlinant. Il ne faut pas faire du bateau sur les invités !
Cathy et James éclatèrent de rire devant l'air surpris de M. Hope, qui finit par sourire :
– Il n'y a pas de mal !
Il se retourna et plongea au fond de la piscine.
– Tu dois être Sophie, la sœur de David ? demanda Cathy.
Sophie hocha la tête et dit :
– Salut, Cathy, salut, James. David m'a parlé de vous.
Dilly avait grimpé le long de la poitrine de la fillette et s'était niché dans son cou.
Jusque-là, Cathy n'avait vu de daman que de loin. Elle regarda la petite bête avec curiosité : la tache blanche en forme de croissant au-dessus des yeux donnait à Dilly un air intelligent.
– Qu'il est mignon ! On peut le toucher ? demanda-t-elle.

Sophie acquiesça, fière de montrer son compagnon. Cathy et James caressèrent Dilly, qui se mit à grincer des dents.

– Pourquoi il fait ça ? s'inquiéta James en retirant sa main. Il va mordre ?

– Non. Ça veut dire qu'il est content.

Sophie sourit :

– Vous voulez venir voir les autres animaux ? David et Lindiwe en ont aussi. Lindiwe est une amie à nous. Sa mère travaille au bureau de l'hôtel, et son père est le directeur de la base.

– Oh oui, volontiers ! N'est-ce pas, James ? s'exclama Cathy.

À ce moment, Mme Hope s'approcha d'eux. Elle avait passé une robe de coton à manches courtes et relevé ses cheveux auburn.

– Maman, je te présente Sophie, la sœur de David. Et voici Dilly, un champion olympique de natation ! plaisanta Cathy.

Mme Hope rit de bon cœur quand elle apprit la mésaventure de son mari.

– Les enfants, nous sommes invités à un *braai*. Levina va nous rejoindre.

– Un *braai* ? Génial ! Je meurs de faim, dit James.

Lors de leurs précédents voyages en Afrique, Cathy et James avaient beaucoup apprécié cette version locale du barbecue.

Mme Hope regardait son mari, heureux comme un poisson dans l'eau de la piscine.

– Je crois que nous aurons du mal à faire sortir papa de là, dit Cathy.

Les yeux de Mme Hope brillèrent d'un éclat malicieux. Elle marcha au bord du bassin :

– Adam ! À table !

– Venez manger !

Un homme blond à la peau tannée agitait des pinces de cuisine.

– C'est Tony MacKenzie, le père de David et Sophie, dit Mme Hope à Cathy et James.

Des odeurs appétissantes leur parvenaient du *braai* où les attendait MacKenzie.

– Brochettes de poulet, saucisses, salades à volonté pour tout le monde ! claironna Tony.

Dès que James et Cathy furent servis, ils se dirigèrent vers Levina, qui était assise à côté

des parents de Cathy.
– Cathy ! James ! Quelle joie de vous revoir !
Levina se leva pour les embrasser. Elle était mince et portait une robe jaune et bleue avec un turban assorti. Née en Tanzanie, elle avait étudié en Angleterre avec les parents de Cathy. Elle était revenue en Afrique pour se consacrer à l'observation des animaux sauvages.
– Le jeune léopard va bien ? demanda Cathy. Maman m'a dit que tu étais en retard parce que son bracelet s'était détaché…
Levina sourit :
– Tu n'as pas changé, Cathy ! Tout ce qui t'intéresse, c'est les animaux ! Le léopard va bien. On lui a mis un autre bracelet.

Le restaurant à l'air libre était rempli de convives. Des lanternes suspendues aux arbres répandaient une chaude lumière sur les tables et les chaises en bois. Le parfum d'énormes fleurs roses embaumait la nuit.
– Alors, dites-moi, comment va la vie ? demanda Levina.

Emily Hope sourit :
– Oh, tu sais, c'est la routine : des membres cassés, la naissance des veaux…
– Qui s'occupe de l'Arche des animaux pendant votre absence ? se renseigna Levina.
– Nous avons un vétérinaire remplaçant, Alistair King. Il nous a déjà donné un coup de main, lui dit M. Hope. Simon, notre infirmier, est resté là-bas pour l'aider. Les animaux de Welford sont entre de bonnes mains. Et toi, Levina ? Que fais-tu en ce moment ?
Les yeux sombres de la jeune femme s'illuminèrent.
– J'ai un nouveau projet : suivre dans la brousse la piste d'un troupeau de *Hippotragus equinus*. C'est une race d'antilope.
Cathy avait vu ce genre d'antilopes lors de ses précédents voyages en Afrique, et elle les trouvait très belles, avec leurs cornes recourbées vers l'arrière et leur crinière fournie comme celle des chevaux.

– Ça se présente bien ? demanda Mme Hope.
– Oui, très bien, répondit Levina. Le seul problème, c'est que je dois m'absenter du centre pour quelques jours. J'aurais aimé passer plus de temps avec vous.
Cathy devina que ses parents étaient déçus, mais sa mère sourit gentiment :
– Tant pis ! On se rattrapera quand tu reviendras.
– Promis !
– En attendant, il nous faudra supporter les bains de soleil, la lecture et le repos ! Brrr ! dit M. Hope avec une grimace comique.
Levina, soulagée, éclata de rire :
– Merci ! Je me sentais vraiment coupable. Je vous invite ici, puis je disparais dans la brousse !
Cathy était un peu désappointée ; soudain, elle eut une idée : Levina aurait peut-être besoin d'aide pour son projet. Mais avant que Cathy ait eu le temps de se proposer, Levina se tourna vers elle :
– Je viens d'apprendre quelque chose qui

pourrait t'intéresser. Sandie Howard est en route pour le centre.

Cathy échangea un regard avec James. Si Sandie Howard venait, c'était probablement pour s'occuper de Leela et de ses petits.

– Génial ! dit James. En plus, Sandie connaît les panthères noires. Elle en a parlé dans un de ses articles.

Cathy se souvint que James lui avait montré le magazine dans l'avion.

– Les panthères noires sont très rares en Afrique du Sud, expliqua son ami.

– J'ai l'impression que je ne vais pas trop vous manquer ! dit Levina, rassurée, avec un chaleureux sourire.

3

Cathy fut éveillée par des grognements. Pendant un bref instant, elle ne sut pas où elle était. Puis elle leva les yeux, vit le toit d'herbe du bungalow et sentit les riches effluves du matin.

« L'Afrique ! » Elle bondit hors du lit et ouvrit les volets. D'énormes silhouettes d'éléphants se détachaient, mystérieuses, sur les rives du lac, encore plongées dans la brume. De nouveau, on entendit des grognements à l'extérieur du bungalow, mais plus forts cette fois. Rapidement, Cathy enfila un

short et un T-shirt. James, encore endormi, passa la tête par la cloison en clignant des yeux :
– Que se passe-t-il ? On dirait une bagarre.
– Ou une attaque, répondit Cathy, inquiète.
– On devrait peut-être réveiller tes parents, suggéra James.
– Allons voir d'abord.
En ouvrant la porte, elle découvrit les coupables : deux bêtes brunâtres, de la taille d'un chien, s'ébattaient dans les fourrés.
– On dirait des chacals, murmura Cathy en reculant.
– Tu crois qu'ils sont dangereux ? chuchota James.
L'un d'eux était tapi près du buisson, en attendant que l'autre réapparaisse. Dès qu'il surgit, le premier lui sauta dessus et ils roulèrent sur le sol.
– Je ne crois pas, dit Cathy en secouant la tête. Regarde, maintenant il y en a un qui se cache. Ils sont seulement en train de jouer !
– Absolument. Mais vous avez eu raison de vous tenir à distance, surtout avec les

chacals, déclara une voix douce avec un accent américain.

Cathy se retourna brusquement et vit une femme, mince, très bronzée, vêtue d'un short et d'une chemise kaki. Ses cheveux courts commençaient à grisonner. Cathy reconnut la femme qu'elle avait vue en photo dans le bungalow : Sandie Howard !

– Bonjour. Je suis Cathy Hope, et lui, c'est James Hunter.

– Nous sommes en vacances ici, ajouta James.

– Ravie de vous rencontrer. Je m'appelle Sandie Howard, et je travaille au centre de recherches. Vous avez l'air de bien connaître les animaux, remarqua-t-elle.

– Nous sommes déjà venus en Afrique, et mes parents sont vétérinaires, expliqua Cathy.

À cet instant, les chacals recommencèrent à gronder.

– On peut s'approcher d'eux ? demanda Cathy.

– Oui, mais restez prudents et ne faites pas

de gestes brusques, répondit Sandie.
Mais, soudain effrayés, les chacals détalèrent.

Les parents de Cathy arrivèrent quelques instants plus tard.
– Vous n'avez pas entendu les chacals ? Vous avez tout raté ! Maman, Papa, je vous présente Sandie Howard, s'exclama Cathy en se précipitant vers eux.
– Enchanté de faire votre connaissance, Sandie. Vous venez de vous faire deux amis pour la vie, dit M. Hope.
Sandie sourit :
– J'en suis très heureuse. C'est formidable que Cathy et James soient tellement passionnés par les animaux.
– Nous allons prendre notre petit déjeuner, voulez-vous vous joindre à nous ? proposa Emily Hope.
– Non, merci. J'étais en route vers la base quand je suis tombée sur les enfants. Sipho Ngomane, le directeur, m'attend.
Cathy essaya de cacher sa déception. Elle

mourait d'envie d'interroger Sandie à propos de Leela.
Comme si elle lisait dans ses pensées, Sandie suggéra :
– Et si vous veniez tous à la base avec moi ? C'est intéressant de voir comment nous suivons les léopards à la trace.
– Oh, on peut y aller, Maman ? On n'a pas faim, n'est-ce pas, James ?
– Euh… non, bredouilla-t-il à contrecœur.
Amusée, Emily Hope répondit :
– D'accord, je vais prendre quelques fruits pour le trajet.

La base était une longue bâtisse en bois, recouverte d'un toit d'herbe. Les dépendances étaient entourées d'une solide clôture métallique. Cathy se demanda s'il s'agissait de l'ancien *boma* de Leela.
Un homme avenant, de haute stature, les accueillit :
– Sandie ! Quel plaisir de te revoir !
– Sipho, je te présente Adam et Emily Hope, ainsi que leur fille Cathy et son ami

James. Sipho Ngomane, mon grand ami et collègue.

Cathy n'avait jamais vu un homme aussi immense. Il portait un short et une chemise beige à manches courtes.

– Ah, vous êtes les amis de Levina ? Bienvenue, bienvenue ! J'ai déjà entendu parler de vos aventures en Afrique. Levina m'a raconté comment, seuls avec un jeune Massaï, dans les montagnes du Ruwenzori, les enfants avaient ramené un lionceau à sa famille. Bravo !

– Vraiment ? demanda Sandie, impressionnée.

– On n'avait pas le choix. Il était perdu, et des fermiers voulaient le tuer pour protéger leurs troupeaux, expliqua Cathy.

– C'est très courageux, dit Sandie en souriant aux enfants.

– Quand vous les connaîtrez un peu mieux, vous verrez qu'ils sont capables de tout pour sauver un animal ! ajouta M. Hope.

– Entrez ! dit Sipho Ngomane en riant.

Il les conduisit dans un vaste bureau rempli de livres.

– Levina est déjà partie ? demanda Emily Hope en s'asseyant sur un canapé.

– Oui, le jour se lève très tôt en Afrique.

Une fillette d'une douzaine d'années sortit d'une pièce voisine. Sipho lui posa la main sur l'épaule :

– Je vous présente ma fille, Lindiwe. Voici Cathy et James.

Lindiwe était mince et élancée comme son père. Des cheveux bruns et frisés encadraient son visage.

– Bonjour, dit-elle avec un large sourire.

– Nous pourrions montrer à Cathy et James comment nous suivons les léopards dans la réserve, suggéra Sandie.

– Avec plaisir, répondit le directeur.

Il les conduisit dans un autre bureau et s'installa devant la radio.

– Je suppose que vous aimeriez savoir où se trouvent Leela et ses petits ? demanda-t-il.

Cathy et James échangèrent un regard enthousiaste. Ils avaient déjà vu Levina utiliser ce genre d'appareil pour localiser les animaux grâce à leur bracelet émetteur.

Sipho leur expliqua les différentes fréquences qui permettaient de situer exactement Leela. Il pressa plusieurs boutons. Cathy entendit un bip-bip distinct.

– C'est Leela ? demanda-t-elle, tout excitée.

– Non. C'est un mâle qui s'appelle Tommy.

Sipho essaya de nouveau, et on capta un autre bip.

– Leela ! Son bracelet fonctionne. Elle est là, dit Sipho.

4

Il se dirigea vers une carte murale. Des punaises de différentes couleurs représentaient les déplacements de chaque léopard. Celles de Tommy étaient bleues, celles de Leela, rouges.
– Cette carte couvre environ 50 km^2 de la partie nord de la réserve, expliqua-t-il.
– C'est une région tranquille pour les léopards. Il n'y a que des broussailles et des rochers, ce qui ne tente pas trop les touristes, ajouta Sandie.
Elle indiqua la partie étroite d'une rivière.

– Beaucoup d'animaux se rassemblent ici pour boire. Leela a de quoi se nourrir, et elle a de la place pour établir sa tanière. Elle n'a pas quitté le secteur depuis plusieurs semaines.
– Pour ne pas trop s'éloigner de ses petits quand elle chasse ? demanda Cathy.
– Oui, elle doit certainement changer d'antre tous les deux ou trois jours, répondit Sandie.
– Pourquoi ? s'enquit James.
– Pour semer les prédateurs. La vie des bébés est pleine de dangers pendant les premières semaines.
Cathy frissonna :
– Leela n'a aucun souvenir de son enfance ?
– L'instinct maternel est très fort, et elle s'est très bien adaptée au milieu sauvage, la rassura Sipho.
– Les léopards ne doivent pas avoir beaucoup de prédateurs ? poursuivit Cathy.
– Les lions peuvent tuer un bébé léopard s'il s'aventure sur leur territoire. Ils ne tolèrent aucun intrus, l'informa Sandie.

– Et les babouins ? demanda James. Vous en avez parlé dans un de vos articles.
– Effectivement, ils peuvent mettre en pièces un petit léopard en quelques minutes, mais Leela a su protéger les siens, le tranquillisa Sandie.
– Tu as l'intention d'aller la voir ? demanda Sipho.
– Oui, dans un jour ou deux. Vous voulez venir avec moi ?
Cathy n'en croyait pas ses oreilles.
– Oh oui, s'il vous plaît ! s'exclama-t-elle.
– Génial, ajouta James.
– Vous m'avez l'air de bien connaître les animaux. Quelques paires d'yeux supplémentaires ne seront pas inutiles. Je serais ravie d'être accompagnée par deux vétérinaires, ajouta-t-elle en s'adressant à M. et Mme Hope.
Emily et Adam Hope se regardèrent. Cathy retenait son souffle. Ils *devaient* dire oui. Enfin, M. Hope mit fin au suspense en déclarant :
– Nous acceptons avec plaisir. Merci, Sandie.

Cet après-midi-là, Cathy ne pensa qu'à Leela et ses petits. Elle aurait voulu partir tout de suite. Le surlendemain lui paraissait être dans une éternité.

En attendant, elle et James devaient se contenter d'observer les animaux qui se trouvaient autour d'eux.

L'attention de Cathy fut soudain attirée par quelque chose qui bougeait dans un arbre. Elle prit les jumelles et découvrit la silhouette gracieuse d'un animal allongé sur une branche. Il était étendu de toute sa longueur et si bien camouflé qu'il était presque invisible. Seul le mouvement continu de sa queue le trahissait. Elle tira James par la manche.

– Regarde là-haut, dans cet arbre ! On dirait un… *C'est* un léopard ! Oh, qu'il est beau !

« Viens ici, s'il te plaît ! » supplia-t-elle en silence.

Comme s'il l'avait entendue, le léopard tourna la tête. Cathy était subjuguée.

– Tu le vois ? demanda-t-elle à James.

– Non, grommela-t-il, frustré.

Il rajusta ses jumelles.

– Attends. Ah ! Ça y est, je l'ai ! Il est magnifique ! Tu crois qu'il a un bracelet ?
– Sûrement ! C'est peut-être Tommy, mais sûrement pas Leela.
Le léopard de Sandie se trouvait dans le nord de la réserve, à l'abri des regards indiscrets des touristes. Peut-être se reposait-il dans un arbre, lui aussi, attendant la nuit pour partir chasser de quoi nourrir ses petits.

Cathy et James aidaient Lindiwe et sa mère à préparer le repas dans la cuisine des Ngomane. Les parois de bois étaient peintes en bleu et décorées de tissus. La pièce ne contenait qu'un fourneau, une table et des chaises.
– Vous avez eu de la chance d'apercevoir Jomo, leur dit Lindiwe.
– Sans le balancement de sa queue, je ne l'aurais pas vu, répondit Cathy.
– La queue d'un léopard n'est jamais immobile, précisa Lindiwe.
Sandie leur avait expliqué que, quelques

jours plus tôt, la radio avait repéré Jomo au même endroit et qu'il était peut-être le père des petits de Leela.

Mmatsatsi Ngomane, mince et élégante, portait une robe traditionnelle rouge et noir. Elle plaça les boulettes de *sudza*, le *putu* et les condiments sur un plat qu'elle recouvrit d'un torchon blanc.

– Ça a l'air délicieux ! C'est quoi ? demanda Cathy.

– Le *sudza* est un plat de blé cuit, et le *putu* est un dessert fait de riz, de cacahuètes et de sucre, expliqua Mmatsatsi.

Cathy prit un bol de condiments et alla sur la véranda où se tenaient ses parents, Sipho et Sandie. Elle s'arrêta un instant sur le seuil. Elle aimait écouter le chant des oiseaux et des insectes dans la nuit africaine. Lindiwe, sa mère et James apportèrent les autres plats.

– Merci, Mmatsatsi, c'est un véritable festin ! s'exclama Sandie.

Après le dîner, Sipho proposa une partie de billard.

– Super ! Qui veut jouer ? s'écria James.

– Toi et Cathy, par exemple, suggéra Lindiwe.
Tous suivirent avec attention le jeu de James qui, après une partie endiablée, vainquit Cathy puis joua avec Lindiwe.
On entendait les cris des singes dans les arbres tout proches. Un parfum de fleurs flottait dans la brise nocturne. Cathy soupira d'aise. Les vacances commençaient bien !

Le lendemain matin, Cathy et James avaient rendez-vous avec Lindiwe et David MacKenzie.
– Nous allons vous faire visiter les parages, annoncèrent ces derniers.
– Génial ! Où allons-nous ? demanda Cathy, impatiente.
– Voir Kubi et Ushukela, proposa David.
– C'est qui ? voulut savoir Cathy.
David sourit mystérieusement :
– Ushukela est un ami à nous, et Kubi…
– On devrait commencer par Kubi, l'interrompit Lindiwe.
– Non. Il doit dormir encore ! Tu sais

comme il est grognon tant qu'il n'a pas mangé, dit David en secouant la tête.
Cathy et James, intrigués, attendaient que leurs nouveaux amis se mettent d'accord.
– Si on avançait ? suggéra Cathy.
– Allons-y ! Passons derrière l'hôtel, approuva Lindiwe.
Cathy et James dépassèrent un gros buisson en fleurs d'où s'échappèrent des papillons multicolores. Lindiwe et David les suivaient en continuant leur discussion. Cathy se dirigea vers des tables et des chaises installées autour d'un bassin. Des promeneurs venaient de partir, laissant un plateau avec des tasses de café et des biscuits.
Soudain, un singe bondit sur le dossier d'une chaise et plongea sous la table où traînait un morceau de gâteau. Deux autres singes sautèrent sur la table en poussant des cris stridents et ramassèrent les miettes avec leurs doigts agiles.
– Ouah ! Regarde ! s'écria James.
Trois damans se précipitaient sur la table pour se joindre à la partie.

– C'est chacun pour soi !

Cathy éclata de rire. Un singe, furieux, attrapa un morceau de gâteau sous le nez d'un des damans et s'enfuit. Le petit animal, très en colère, se dressa sur ses pattes arrière en grognant.

– Il est drôlement courageux ! Le singe fait deux fois sa taille ! remarqua Cathy.

– Les dassies ont un sale caractère ! dit Lindiwe, qui venait de les rejoindre.

– Les dassies ? s'étonna James.

– C'est comme ça qu'on appelle les damans. Vous saviez qu'ils appartiennent à la famille des éléphants ? demanda David.

Cathy écarquilla les yeux :

– Comment ça ?

– Leurs dents de devant sont de véritables petites défenses, et ils ont trois orteils, comme les éléphants, expliqua Lindiwe.

– Sophie en a un comme animal de compagnie, ajouta David.

– On sait ! On a déjà rencontré Dilly.

Cathy leur raconta comment le daman avait

plongé dans la piscine. Elle rit en se souvenant de la tête de son père.

Toutes les miettes de biscuits furent avalées rapidement et les animaux s'évanouirent dans les fourrés.

– Zut ! Je n'ai pas pris de photos, se plaignit James.

– Ne t'en fais pas. Tu pourras en faire d'incroyables demain quand nous serons avec Sandie, le consola Cathy.

– Venez par ici ! appela Lindiwe en se dirigeant derrière l'hôtel.

Les cuisines étaient ouvertes, et un homme portant un tablier blanc se tenait sur le seuil. Il les accueillit d'un grand signe de la main :

– *Sawubona*, Lindiwe, David ! Tenez ! Voici de la nourriture pour vos animaux.

Il leur tendit un sac rempli de déchets de légumes.

– *Ngiyabonga*, Kitunga, ils vont adorer, remercia Lindiwe.

Elle prit le sac et partit vers un groupe de cabanes en bois. Cathy lança un regard à James.

– Je crois que nous allons enfin faire la connaissance de Ushukela et Kubi, murmura-t-elle.

5

À l'ombre d'un arbre, les enfants virent une grande antilope couleur sable aux longues cornes torsadées. Elle leva la tête et regarda les visiteurs.

– Oh, qu'elle est belle ! souffla Cathy.

– C'est un monsieur ! plaisanta David.

Il siffla doucement.

– Ushukela ! Ushukela, viens voir ce qu'on t'a apporté !

L'antilope huma l'air et se mit à trotter vers eux.

Cathy et James sentirent sous leurs pieds les

vibrations provoquées par ses sabots.
James observait les longues cornes pointues de l'animal qui s'approchait :
– Ouah ! Il est… gros, non ?
– Oui. Il mesure 170 centimètres au garrot et pèse presque une tonne, dit David fièrement.
Soudain, à moins d'un mètre, Ushukela s'arrêta net dans un nuage de poussière. La tête de Cathy était à peu près à la hauteur de l'épaule de l'antilope.
– N'ayez pas peur. Il est très docile, son nom veut dire « sucre » en isizulu, les rassura David.
Il rit et piocha dans le sac une poignée d'épluchures de carotte. L'antilope poussa un grognement d'impatience, en apercevant la nourriture.
Cathy tendit doucement la main et lui caressa le museau.
– Tu veux lui donner à manger ? proposa David.
Cathy prit les épluchures et les présenta à Ushukela à plat sur sa paume, comme elle le faisait chez elle avec les chevaux. En

prenant la nourriture, les lèvres de Ushukela lui chatouillèrent les doigts.

– Tu veux essayer, James ? demanda David.

James commença à nourrir l'animal à son tour ; soudain retentit un cri rauque et perçant. Cathy, terrifiée, se retourna brusquement et vit s'approcher un grand oiseau noir, à la tête et au bec rouges et au plumage brillant. Il se dandina vers eux le bec grand ouvert, ses gros yeux brillants de contrariété.

– Je vous présente Kubi. C'est un calao*. Son nom veut dire « vilain », dit Lindiwe en souriant.

Elle devait crier pour couvrir les cris indignés de l'oiseau.

Cathy éclata de rire ; James, lui, n'était pas pressé de faire plus ample connaissance avec l'oiseau au mauvais caractère. Le calao se dirigea avec assurance sous le ventre de l'antilope, tout en continuant de pousser des cris stridents.

---

* Passereau des forêts chaudes, à long bec recourbé surmonté d'une excroissance cornée.

Lindiwe éparpilla des déchets de salade sur le sol.

– Voilà, Kubi, c'est pour toi.

Les cris s'arrêtèrent comme par magie. Kubi engloutit son repas et… se mit à chanter. Cathy et James assistaient à la transformation, bouche bée.

– Il n'aime pas être mis à l'écart, et il est de mauvaise humeur seulement quand il a faim, précisa Lindiwe.

– Ce qui est tout le temps le cas ! ajouta David.

– Non, ce n'est pas vrai ! De toute façon, ça ne dérange pas Ushukela. Il aime Kubi, lui, répondit Lindiwe en caressant l'antilope.

Cathy et James passèrent le reste de la journée à explorer leur lieu de vacances avec Lindiwe et David. Vers six heures ils retournèrent à la base. M. et Mme Hope aidaient Sandie à préparer leur expédition.

– Lotion anti-insectes, trousse de secours, crème solaire…

Emily Hope cochait les articles sur une liste pendant que Sandie les glissait dans une caisse.

– Alors, vous avez passé une bonne journée, les enfants ? demanda M. Hope.

Cathy raconta leurs aventures avec les animaux de David et Lindiwe. L'évocation du mauvais caractère de Kubi fit beaucoup rire Emily :

– Tiens, ça me rappelle quelqu'un qui est exécrable avant le petit déjeuner !

– Je ne vois pas de qui tu parles, lança M. Hope innocemment.

– Bon, nous avons presque fini, dit Sandie en fermant le couvercle de la caisse. Tiens ! Voilà Sophie.

Sophie courait vers eux, Dilly agrippé à son bras. La fillette était hors d'haleine, et son visage était tout barbouillé comme si elle avait pleuré.

– Que se passe-t-il, Sophie ? demanda David en se précipitant vers elle.

– Oh, David ! On a volé Tasha !

Deux larmes roulèrent sur ses joues alors

qu'elle reprenait son souffle.

– Et... j'ai eu tellement peur pour Ushukela et Kubi que j'ai couru pour aller voir...

– Ils sont toujours là? demanda David, inquiet.

Sophie acquiesça :

– Oui, mais pas la pauvre Tasha !

– Tasha est une femelle oribi apprivoisée, expliqua David à Cathy et à James. Elle appartient à un ami de mes parents qui dirige un petit hôtel près d'ici.

– C'est horrible ! s'écria Cathy.

Elle avait déjà vu des oribis. C'était de petites antilopes, très belles avec leur long coup gracieux et leur pelage soyeux, marron clair.

– Comment sais-tu qu'elle a été volée, Sophie ? s'enquit Emily Hope calmement.

– J'étais dans le bureau de l'hôtel, quand Maman a répondu au téléphone, dit Sophie en essuyant ses larmes.

– Tu crois qu'ils vont revenir voler tous nos animaux ? s'adressa-t-elle à son frère.

– Personne ne peut les approcher. Il y a plein de gens à la base pour les surveiller, la rassura David.
– Pourquoi voler un oribi apprivoisé ? s'étonna James.
– J'ai peur qu'il s'agisse de trafiquants, dit Sandie en tendant un mouchoir à Sophie.
– Les animaux sont parfois victimes de braconniers, qui les revendent à des collectionneurs sans scrupule, reprit-elle. Tasha était habituée aux humains, ce qui en faisait une proie facile.
– Comment peut-on être aussi cruel ?
Cathy était furieuse et bouleversée.
– Je sais, c'est affreux, approuva son père. Heureusement, les trafiquants sont une minorité. Il y a beaucoup plus de gens comme Sandie et Sipho, qui protègent les animaux.
– Ton papa a raison, ajouta Lindiwe. Les gens, ici, se soucient de leur pays. Ils ont compris qu'il est important de préserver le monde sauvage.

6

Le lendemain matin, James, Cathy et ses parents arrivèrent tôt à la base. La Land Rover cabossée de Sandie était remplie de caisses de provisions. Sa veste était posée sur le siège avant de la voiture ; mais pas trace de Sandie. Ils la trouvèrent dans le bureau avec Sipho, devant la radio. Elle leur adressa un rapide sourire distrait.

– Bonjour, tout le monde ! Il y a un petit problème. Nous avons du mal à localiser Leela. Je vérifie une dernière fois avant de partir.

La radio grésilla pendant que Sipho cherchait la fréquence. Puis un faible bip-bip se fit entendre.

– Je l'ai ! Mais le signal est très faible, dit Sipho.

Sandie piqua une punaise rouge sur la carte pour déterminer la nouvelle position de Leela.

– Elle va vers le nord, loin de la rivière. C'est hors de son territoire habituel.

Brusquement, les faibles signaux s'arrêtèrent complètement. Sipho tourna les boutons en cherchant sur d'autres fréquences. Sans résultat.

– Nous l'avons perdue. C'est bizarre, dit-il.

– Elle a peut-être perdu son bracelet, comme l'autre léopard, suggéra Cathy.

– Même perdu, le bracelet serait sur le sol et continuerait d'émettre, non ? intervint James.

Sandie acquiesça.

– Évidemment, suis-je bête ! s'exclama Cathy.

– Nous savons que Leela se dirige vers le nord. Mais elle semble s'être égarée, hors de

portée de l'appareil, ajouta Sandie, songeuse.
– Et ses petits ? souffla Cathy.
– Si elle s'est sentie menacée, Leela a pu les transporter dans un endroit plus sûr. Mais il est aussi possible qu'ils soient malades ou morts. Ils doivent avoir à peu près huit semaines, et ils sont toujours complètement dépendants d'elle, répondit Sandie.
– Leela n'est-elle pas tout simplement allée chasser ? se renseigna James.
– Pendant la journée, c'est peu probable, dit Sandie.
– Peut-être cherche-t-elle un meilleur abri pour ses petits ? insista Cathy.
– Je ne crois pas. Elle a tout ce qu'il lui faut parmi les rochers et les arbres près de la rivière, dit Sipho.
– Alors pourquoi aurait-elle quitté cet endroit ? demanda Mme Hope.
– Je ne sais pas. Un autre léopard ou des lions ont peut-être envahi son territoire, ou quelque chose l'a effrayée, affirma Sandie en tortillant ses cheveux.
Puis elle ajouta à l'attention de Sipho :

– Puisque nous sommes prêts, allons-y ! Nous retrouverons sa dernière position connue et nous examinerons les alentours.
– C'est une bonne idée, approuva Sipho en éteignant la radio.
Cathy attendait avec impatience le moment du départ.
Sandie expliqua, en glissant un émetteur portable et des piles dans sa poche :
– Nous devons rester en contact, et il n'y a pas de lignes téléphoniques aussi loin dans la réserve.
Sipho ouvrit un casier à fusils et déclara :
– Je viens avec vous. Vous aurez peut-être besoin d'un garde du corps.
Il ajouta en souriant à Cathy et à James :
– Au cas où vous trébucheriez sur un buffle endormi.
Sandie sourit et demanda :
– Prêts ? Alors en route !

La Land Rover roulait à vive allure dans un nuage de poussière en tressautant sur la piste caillouteuse. Sipho nommait les différents animaux qu'ils croisaient. Cathy était penchée à la fenêtre pour ne rien perdre du spectacle des troupeaux de gazelles.

À présent, le soleil était haut dans le ciel. Plus ils avançaient vers le nord, plus le paysage devenait plat, se transformant en savane. Il y avait de moins en moins d'arbres, seulement une étendue sans fin d'herbe décolorée et de buissons d'épines. Cathy se cala au fond de son siège. Elle regardait fixement par-dessus l'épaule de Sandie et scrutait au loin une ligne de collines pourpres.

– Le territoire de Leela est juste derrière cette crête. Quand on y sera, on s'arrêtera pour essayer de nouveau de la localiser, annonça Sandie.

– Combien de temps faut-il pour arriver là-bas ? se renseigna James.

– Une heure à peu près. Puis il faudra atteindre la rivière. Ça nous laissera assez de temps pour chercher Leela et trouver un campement pour la nuit. Ils sont assez rudimentaires, vous savez. Rien à voir avec Ubungane !

– Je ne crois pas que ça gênera Cathy et James, dit Emily Hope.

Cathy sourit à sa mère.

– Rhinocéros sur la gauche ! s'écria Sandie en freinant légèrement.

Deux rhinocéros regardaient la voiture, l'air méfiant et hostile. Ils avaient d'énormes cornes recourbées et leur peau épaisse comme du cuir formait des plis. Soudain, les mastodontes prirent peur et s'enfuirent d'un pas pesant.

– Ouf ! Heureusement qu'ils ne nous ont pas chargés, plaisanta M. Hope.

Il bourra sa veste dans son dos pour amortir les secousses de la voiture.

– Sandie, je peux vous demander ce qui vous a poussée à élever ce bébé léopard ? s'enquit-il.

Curieux, Cathy et James se penchèrent en avant.

– Leela a été trouvée par des chasseurs. Ils l'ont confiée au responsable de la réserve locale, qui est un de mes amis. Sachant que j'avais déjà élevé les petits d'un lion et d'un guépard, il m'a contactée pour savoir si je pouvais prendre Leela.

– Vous dites qu'elle a été trouvée par des chasseurs ? poursuivit M. Hope.

– C'est exact. Ils ont dit qu'elle avait été abandonnée, mais je crois plutôt qu'elle était orpheline, répondit Sandie.

– Vous voulez dire que les chasseurs ont tué la mère de Leela ? s'insurgea Cathy.

– C'est possible. Nous ne saurons jamais la vérité. Ils avaient un permis pour tirer certaines espèces, mais pas les léopards.

M. Hope remarqua l'expression contrariée de sa fille et lui dit :

– Ma chérie, moi non plus je n'aime pas la chasse. Mais, au moins, de nos jours, elle est réglementée. C'est une source importante de revenus pour le pays.

– Ton papa a raison, intervint Sipho. Cet argent permet de protéger l'environnement et d'autres animaux. Il aide ainsi les gens qui vivent ici.

Cathy avait déjà entendu ces arguments. Elle savait qu'ils étaient justes, mais au fond d'elle-même elle ne pouvait accepter qu'on tue des animaux.

Sa mère la serra contre elle et ajouta :

– Tu sais, l'important, c'est que Leela ait survécu. Quel âge avait-elle quand vous l'avez recueillie, Sandie ?

– Deux ou trois mois.

James demanda :

– Leela n'aurait-elle pas été mieux dans une forêt ?

– Idéalement, oui. Mais nous n'avons pas trouvé une réserve appropriée. Je craignais qu'elle ne puisse s'adapter à cette région aride, mais elle s'est installée sans problème dans le *boma* que nous lui avons construit.

– Et c'est ainsi que vous avez remplacé sa mère ! s'exclama Cathy.

– Absolument. Avec moi, Leela a toujours été très confiante, affectueuse et facile à vivre. Bien sûr, maintenant elle est différente. Elle est redevenue sauvage. Je ne dois pas l'oublier.

Sandie se tut et fixa les collines au loin.

7

Une demi-heure plus tard, ils s'arrêtèrent à l'ombre pour pique-niquer. Cathy était contente de la pause. Elle avait chaud et était toute courbatue. Emily Hope distribua des sandwiches et des boissons fraîches.

Au bout d'un petit moment, ils remontèrent dans la Jeep et continuèrent leur route. Il était un peu plus de midi quand ils traversèrent une vaste étendue de prairie et commencèrent l'ascension de la crête. Sandie demanda à Sipho d'arrêter la voiture et d'allumer la radio.

– Si Leela est revenue vers la rivière, elle sera de nouveau dans le champ, et nous pourrons capter son signal, dit-elle, pleine d'espoir.

Cathy écoutait les grésillements devenus familiers, tandis que Sandie essayait les fréquences. Bientôt elle secoua la tête et constata :

– Pas de chance ! Avançons un peu plus.

Un babouin les regarda passer avec curiosité et se mit à bâiller en découvrant une bouche rouge avec d'énormes dents. Au bord de la rivière, Sipho s'arrêta. Sandie descendit et déclara :

– Je vais l'appeler. Si elle est près d'ici, elle viendra peut-être vers moi.

– On peut vous aider ? demanda Cathy, prête à ouvrir la portière.

– Non, non ! Restez dans la voiture. Ça peut être dangereux. Je vais suivre Sandie lentement, répondit Sipho.

– Sipho a raison, ajouta Mme Hope. De plus, Leela risque de ne pas répondre à Sandie si elle sent la présence d'étrangers.

Résignée, Cathy regarda la jeune femme

grimper sur les rochers en appelant :
– Leela ! Leela !
Puis elle prit les jumelles et scruta les abords de la rivière. Elle distingua un troupeau de gnous, un groupe d'impalas* ; mais pas trace d'un léopard.
À présent, Sandie se trouvait en haut de la crête et continuait de héler Leela. Sipho roulait à son allure pendant qu'elle fouillait les grottes et les fissures le long des berges.
Finalement, Sandie revint vers la voiture.
– Rien ! J'ai regardé partout. Leela et ses petits ne sont pas là, dit-elle, incapable de cacher sa déception.
Elle accepta la canette de limonade fraîche que lui offrit Mme Hope.
Cathy avait repris les jumelles. Elle observait les gazelles au bord de l'eau. Soudain, l'une d'elles leva la tête, se figea, puis recula précipitamment.
Cathy se crispa et attrapa le bras de James :
– Là-bas !

---

* Antilope du Sud et de l'Ouest africain.

– Quoi ? demanda-t-il en fronçant les sourcils.
– Quelque chose a effrayé cette gazelle.
– Elle a raison ! dit Sipho en avançant de quelques mètres.
Cathy continuait de regarder la gazelle, effarouchée par quelque chose caché dans les roseaux. Sur le qui-vive, le reste du troupeau s'était regroupé.
– C'est peut-être Leela qui les guette, murmura Cathy.
– Pourtant Sandie n'a pas pu la localiser, remarqua son père.
Les gazelles étaient toujours au bord de l'eau, les narines dilatées, les oreilles dressées. Soudain, l'une d'elles détala, talonnée par les autres.
Au même moment, Cathy aperçut un animal se déplacer à travers les roseaux. Elle discerna une forme agile, tachetée, prête à bondir.

– Regarde ! Je crois que c'est Leela, dit-elle en s'agrippant au bras de James.
Un guépard s'élança hors des roseaux. Les

espoirs de Cathy s'envolèrent. Elle baissa ses jumelles, incapable d'assister à la mise à mort de la gazelle.
– Nous finirons bien par retrouver Leela. Pense à la chance que nous avons eue de voir un guépard ! dit M. Hope pour la réconforter.
– Je sais, c'était superbe. Mais j'aurais tellement aimé que ce soit un léopard...

Après la fausse alerte, tout le monde avait perdu son entrain.
– Peut-être Leela a-t-elle trouvé un meilleur endroit pour ses petits, suggéra Cathy.
– Je pensais la même chose. La présence des singes a pu la pousser à changer de lieu. Je me suis sans doute inquiétée un peu vite, dit Sandie.
Elle déplia la carte et l'étudia attentivement. Soudain, son visage s'éclaira.
– Regardez, ces trois gorges forment une sorte de vallée ; Leela a pu se réfugier là-bas !
Sipho se pencha pour regarder à son tour.
– Effectivement, c'est le seul endroit assez abrité d'ici à la limite nord de la réserve. Mais

nous n'y serons pas avant demain soir et rien ne permet d'affirmer que Leela s'y trouve.

Du revers de la main, Sandie essuya son visage couvert de poussière et soupira :

– Je sais que ce n'est pas à côté, mais j'ai la forte intuition que nous devrions chercher là-bas.

– Moi aussi ! On ne peut pas y aller tout de suite ? demanda Cathy, pleine d'espoir.

– Chérie, dans une heure il fera nuit, objecta M. Hope. Il est dangereux de conduire dans l'obscurité.

– Ton papa a raison. Nous sommes en pleine brousse, et nous ne devons pas prendre de risques, ajouta Sipho.

Cathy ne pouvait se résigner. Il devait bien exister une solution !

– On pourrait juste rouler encore un peu, suggéra Sandie, dépasser le campement, et ainsi on gagnerait du temps pour demain.

– Et où passerons-nous la nuit ? s'inquiéta Emily Hope.

– On peut loger à Letaba. Il y a là un petit hôtel tenu par des amis. Si nous partons

maintenant, nous pouvons y arriver avant la tombée de la nuit.
– Allons-y ! décida Sipho en remontant dans la voiture.
Ils atteignirent l'hôtel de Letaba alors que le soleil déclinait à l'horizon.
– Eh ! Attention ! s'écria soudain Sipho.
En entrant dans le parking, il dut donner un coup de volant pour éviter un véhicule, qui arrivait à toute vitesse. C'était une Jeep noire avec de hautes barres de protection argentées. Cathy ne put apercevoir le conducteur à travers les vitres teintées. Sipho gara la Land Rover et Sandie se dirigea vers la réception. Elle revint quelques minutes plus tard et les invita à la suivre vers un ensemble de cabanes recouvertes d'un toit de chaume, situées au bord d'un ruisseau bordé d'arbres fruitiers.
– C'est magnifique ! s'exclama Cathy.
– Je parie que c'est rempli d'araignées, dit James. Ton père va adorer !
Cathy éclata de rire. Son père était terrorisé par ces bestioles.

Comme il commençait à faire frais, Cathy retourna à la voiture pour prendre une veste.
– Elle est bizarre, cette Jeep, tu ne trouves pas ? demanda-t-elle à James, qui l'avait accompagnée.
– Elle est drôlement impressionnante. Tu as vu le bouchon du radiateur ?
Cathy fronça les sourcils en regardant l'aigle argenté sur le capot. Elle trouvait la voiture tape-à-l'œil.
– Je préfère la vieille Land Rover de Sandie. Elle est mieux pour suivre les animaux, déclara-t-elle.
– Hé, là-bas, qu'est-ce-que vous avez à espionner ? les interpella une voix en colère.
Un homme trapu, portant un habit de safari et de grosses bottes, s'avançait vers eux à grands pas. Il s'arrêta et les toisa, les mains sur les hanches :
– Alors, je vous écoute ?
– Rien. Nous ne faisons rien, répondit James, inquiet.
– Nous regardions juste votre Jeep, ajouta Cathy.

L'homme se renfrogna. Ses petits yeux durs dévisagèrent les deux enfants.

– Bon, ça va ! Mais, à votre place, je ne traînerais pas ici.

Au même moment, deux autres hommes sortirent d'une des cabanes.

– Il y a un problème, Ben ? demanda l'un d'eux.

– Non. Juste deux gosses trop curieux.

Il jeta un dernier regard à Cathy et James et rejoignit ses amis.

Cathy était en colère, mais elle serra les dents pour ne pas répondre. Quelque chose chez cet homme la mettait mal à l'aise.

Les parents de Cathy étaient devant leur cabane quand les enfants revinrent.

– Que s'est-il passé ? demanda Adam Hope.

Cathy leur raconta l'incident.

– Certaines personnes ne supportent pas qu'on touche à leur voiture, déclara Emily Hope. Ce n'est pas très grave. Allons manger.

Ils rejoignirent Sandie et Sipho. Le directeur s'était changé et portait une chemise avec le logo de la base. Tout le monde se dirigea vers le bâtiment principal, où se trouvait un petit restaurant.

Comme elle entrait dans la salle à manger, Cathy vit les trois hommes de la Jeep assis à l'écart. Elle leur lança un regard hostile.

– Bonsoir, leur dit Adam Hope en souriant.

Les trois types ne répondirent pas. Ils regardèrent ailleurs et retournèrent à leur conversation.

– Charmants ! dit James en s'asseyant près de Sipho.

– Pas très accueillants, remarqua Sandie à voix basse.

– Non, pas du tout ! insista Cathy.

Elle lui raconta l'histoire de la Jeep. Sandie leur jeta un rapide coup d'œil.

– Ils ont l'air de beaucoup s'intéresser à Sipho. Je me demande pourquoi.

En effet, un des hommes lançait des regards furtifs à Sipho Ngomane et chuchotait à l'oreille de ses compagnons.

8

La serveuse vint prendre la commande. Adam Hope fit son choix, puis s'adressa aux enfants :

– Vous ne vouliez pas poser des questions à Sandie à propos des panthères noires ?

– J'ai lu votre article sur les félins dans *La planète des animaux*, commença James en rougissant.

– Il t'a plu ? demanda Sandie.

– Toutes ces histoires de lions, de tigres et de pumas étaient formidables. Mais il n'y avait pas grand-chose sur les panthères noires…

– C'est juste. Alors, vas-y, qu'est-ce que tu veux savoir ?
– C'est vrai que les panthères noires sont en fait des léopards ?
– Absolument. De temps en temps, une mère tachetée met au monde un petit à pelage noir. C'est dû à un gène, comme celui qui permet aux humains aux yeux bruns d'avoir un enfant aux yeux bleus.
– Alors, est-ce que des panthères noires et des léopards peuvent être élevés ensemble ? questionna Cathy.
– Oui, tout à fait. D'ailleurs, si vous réussissez à les approcher, vous pourrez discerner la trace des taches sous leur robe noire, ajouta Sandie.
– Ouah ! On peut voir tous ces détails avec les jumelles ? s'enquit James.
– Peut-être. Mais personne n'a vu de panthères noires dans la réserve depuis des années, précisa Sandie.
– Tant pis ! Nous serons déjà très heureux de voir Leela et ses petits, intervint Emily Hope.
Cathy nota que la serveuse débarrassait

l'autre table. Elle poussa James du coude :

– C'est bizarre, je n'ai pas vu partir les trois hommes. Je croyais qu'il n'y avait qu'une seule issue dans la salle à manger.

Sandie aussi contemplait, songeuse, la table vide.

Après dîner, ils repassèrent par la réception. La propriétaire de l'hôtel leur demanda en souriant :

– C'était bon, ça vous a plu ?

– C'était délicieux, merci, répondit Sandie.

Désireuse de bavarder avec son amie, elle hésita un instant, puis elle dit aux autres :

– Rentrez sans moi, je reviens dans un petit moment.

De retour à leurs cabanes, ils s'assirent dehors pour profiter de la fraîcheur de la nuit. Sandie les rejoignit et raconta :

– Apparemment, les trois hommes sont ici pour observer les oiseaux rares. Mon amie m'a dit qu'ils sont arrivés il y a deux jours.

– Observer les oiseaux rares ? s'étonna Adam Hope.

– Oui, la région est réputée pour ça. Les arbres fruitiers sauvages par ici en regorgent, expliqua Sandie.
James regarda Cathy et murmura :
– Je ne suis pas convaincu. Ces types ont vraiment l'air louche.
– C'est vrai, chuchota Cathy.
– Il est temps d'aller se coucher, déclara Sandie, nous devons nous lever aux aurores.
Cathy dormit mal cette nuit-là. Pendant ses quelques heures de sommeil, elle rêva d'un bébé léopard, échoué sur un rocher au milieu des tourbillons d'une rivière.
L'aube se levait à peine, quand Cathy et James rejoignirent Sandie. Ils l'aidèrent à charger la Land Rover.
– Oh, regardez ! s'écria Cathy en montrant les trois hommes de la veille qui couraient vers le parking.
Têtes baissées, ils se précipitèrent dans la Jeep, claquèrent les portières et démarrèrent en trombe dans un nuage de poussière.
– Je voudrais vraiment savoir ce qu'ils faisaient ici, murmura Sandie.

– Je suis sûre que leur voiture n'était pas couverte de boue hier soir, remarqua Cathy. Elle se demandait toujours pourquoi, la nuit précédente, les trois hommes avaient disparu si rapidement, leur repas à peine terminé.

La plaine africaine était encore noyée dans la brume matinale lorsqu'ils se mirent en route.
– Je vais essayer de capter un signal, annonça Sandie alors que Sipho reprenait la piste.
Elle alluma la radio et chercha la fréquence de Leela. En vain.
– Regardez là-bas ! Une girafe ! s'exclama James.
Cathy vit se balancer la haute silhouette de l'animal accompagné de son petit, qui gambadait à côté.
– Vous voulez vous arrêter pour regarder ? demanda Sandie.
Après avoir consulté James du regard, Cathy répondit :
– Non, merci. Continuons !
Vers midi, la chaleur avait plongé la réserve

dans une profonde torpeur. Après un rapide pique-nique, ils poursuivirent leur chemin.
– La vallée est juste derrière ces rochers, dit Sandie. J'espère que Leela est par là.
Elle alluma la radio. Au lieu des grésillements habituels, on entendit le bip-bip d'un émetteur.
– C'est Leela ! C'est elle ! s'écria Sandie, soulagée.
La paroi rocheuse surgit devant eux. Sipho se gara à l'ombre des acacias tandis que Sandie écoutait la radio en fronçant les sourcils :
– Le signal est plus faible ici. Les rochers doivent faire écran.
– Vous savez d'où proviennent les signaux ? demanda Emily Hope.
– Droit devant nous. Ça veut dire qu'elle est soit dans la vallée, soit juste au-dessus. Nous devrions aller voir, dit Sandie en glissant la radio dans sa poche.
– Je viens avec toi. Les autres, vous restez dans la voiture, ordonna Sipho.
– Appelez-nous si vous avez besoin d'aide, dit Adam Hope.

9

Cathy aurait aimé accompagner Sandie et Sipho, mais elle se contenta d'observer par la vitre de la Land Rover.

Sandie appelait Leela. Sipho se tenait sur un rocher à quelques mètres d'elle. Soudain, on entendit des hurlements assourdissants. Un groupe de babouins, la gueule grande ouverte, approchait à toute vitesse de Sandie. Un des mâles dépassa les autres. Il était énorme, avec un long museau et une crinière grise. Il se précipita, ses babines retroussées découvrant ses crocs.

Sandie et Sipho ne bougèrent pas.
– Il va les dévorer ! cria Cathy.
Le singe s'arrêta net, et la jeune fille poussa un soupir de soulagement. Sandie et Sipho revenaient lentement sur leurs pas, sans se retourner. Le singe n'essayait pas d'approcher, mais il continuait de hurler, menaçant. Soudain, Sandie glissa. Elle poussa un cri et tomba lourdement. Cathy vit quelque chose s'échapper de sa poche et rouler au pied d'un rocher.
– La radio ! dit Cathy à James.
Les babouins rebroussèrent chemin. Sipho aida Sandie à se relever. En s'appuyant sur lui, elle clopina jusqu'à la Land Rover.
– On dirait qu'elle s'est foulé la cheville, s'écria Adam Hope en ouvrant la portière.
– Je vais sortir la trousse de secours, ajouta Emily Hope.
– Ils n'ont pas vu qu'ils avaient perdu la radio, souffla Cathy à James.
– Je la vois, elle a glissé entre ces deux rochers, dit James en tendant le cou.
– On a besoin de cette radio. Impossible de

suivre Leela sans elle !

Cathy jeta un rapide coup d'œil à ses parents, occupés à examiner la cheville de Sandie.

– J'y vais, James !

– Non, Cathy !... C'est trop dangereux !

Mais, déjà, Cathy rampait le long de la pente. Elle avança tant bien que mal et atteignit l'étroite crevasse. Elle toucha la radio du bout des doigts mais ne parvint pas à l'extraire : l'appareil était coincé ! Cathy leva la tête et vit juste devant elle un énorme babouin. Le cœur de Cathy s'arrêta de battre. L'animal poussa un cri strident et fit un pas en avant. Cathy s'immobilisa, évitant de regarder l'animal dans les yeux pour ne pas le provoquer. Le babouin cria encore... puis pivota et rejoignit ses compagnons.

Cathy, mal remise de sa frayeur, parvint à s'emparer de la radio et fit demi-tour. Elle était encore toute tremblante quand elle retrouva les autres.

– Cathy... !

Sa mère était blanche de peur et de colère.
– Je sais, Maman. Mais sans cette radio on ne peut pas retrouver Leela. Quelqu'un devait la rapporter…
– Ta vie est plus importante. Ton père a failli avoir une crise cardiaque !
– Heureusement tu es saine et sauve ! Mais maman a raison, la prochaine fois demande-nous la permission, ajouta son père en l'embrassant.
– Excusez-moi, je ne recommencerai plus, promit Cathy en tendant la radio à Sipho.
– On a vraiment cru que ce singe allait t'attaquer, murmura James.
– Moi aussi ! Comment va la jambe de Sandie ? demanda-t-elle à son père.
– Elle a une foulure. Rien de très grave.

Après toutes ces émotions, Cathy était contente de se retrouver dans la voiture. La radio n'avait pas été endommagée. Sandie tenta de rétablir la liaison.
– Je me demande si nous trouverons Leela dans cette vallée, soupira-t-elle.

– Les singes ont dû la déranger, remarqua Sipho.
– Elle ne doit pas être loin, pourtant ! dit Sandie en écoutant les signaux, qui parvenaient maintenant forts et distincts.
– La frontière de la réserve est juste derrière ces arbres, expliqua Sipho en montrant l'horizon.
Ils roulèrent encore un quart d'heure, guidés par les signaux de Leela. Soudain Sandie s'écria :
– Là-bas ! Je la vois ! Elle est près de la barrière ! Ralentis, Sipho !
Cathy sortit la tête par la fenêtre et aperçut le léopard Leela qui allait et venait le long de la haute clôture. Elle gémissait ; ils entendaient ses cris rauques et plaintifs. Puis elle s'arrêta, bondit et s'agrippa au grillage.
– Que se passe-t-il ? Quelque chose ne va pas, murmura Cathy.
– Oui, c'est vrai, dit Sandie. Normalement, elle se repose pendant la journée.
– On dirait qu'elle est malade, remarqua James.

– Non. Elle appelle ses petits. Mais je ne les vois pas, constata Sandie. Ils devraient être sur ses talons.
Elle prit un petit paquet de viande dans la glacière, sortit de la voiture et s'approcha de Leela en l'appelant doucement.
Cathy, qui voyait pour la première fois un léopard sauvage, était fascinée par la beauté et la puissance de l'animal.
Le regard féroce, le léopard regardait Sandie s'avancer. Les oreilles couchées, les babines retroussées, il fouettait l'air de sa queue en grondant.
Cathy, anxieuse, se demandait si Leela allait reconnaître sa vieille amie. Elle savait que les animaux sont dangereux quand ils protègent leurs petits. Elle se souvint de l'expression locale : « Un léopard reste un léopard. »

Leela huma l'air, puis soudain, elle se calma et courut vers Sandie en ronronnant. Elle se laissa tomber sur le sol et s'allongea de toute sa longueur dans l'herbe. Ensuite, elle

attrapa la jambe de Sandie avec ses pattes avant et, tout en frottant sa tête contre le pied de son amie, elle se mit à lui lécher la main.
– Oh oui ! Moi aussi, je suis heureuse de te revoir, dit Sandie en caressant l'épaisse fourrure de l'animal.
Elle tendit un morceau de viande à sa protégée. Leela s'en empara délicatement et le posa sur le sol.
Sandie fit signe à Sipho de venir. Leela le regarda, ses yeux dorés en alerte. Puis elle se coucha sur le côté, aux pieds de Sandie, et laissa Sipho s'approcher d'elle.
Cathy ne perdait pas une miette de la scène.
Sandie et Sipho revinrent vers la voiture, suivis par Leela. Sandie lui donna un autre morceau de viande. Le léopard s'assit et se mit à manger.
– Vous pouvez tous descendre, maintenant ! Adam et Emily, pourriez-vous l'examiner ? Elle n'est pas dans son état normal. Elle a l'air abattue, et je ne vois aucune trace de ses petits.

– Qu'a-t-il pu leur arriver ? demanda Cathy, anxieuse.
– Je ne sais pas. Ils sont peut-être blessés, ou même morts.
– Morts ? sursauta Cathy.
Arriveraient-ils trop tard ?

10

Le cœur serré, Cathy s'assit sur le marchepied de la voiture avec James. M. Hope observait le léopard.

– Pourquoi pensez-vous que quelque chose ne va pas, Sandie ? demanda Adam Hope.

– Je ne sais pas. C'est juste une impression. Leela est contrariée et sans entrain.

– C'est effectivement un signe. Vous croyez que je peux la toucher ?

– Tant que je suis près d'elle il ne devrait pas y avoir de problème, assura Sandie.

Sipho était appuyé contre la Land Rover, sa

carabine près de lui.
– Ne t'inquiète pas, c'est seulement en cas d'urgence, dit-il à Cathy.
– Vous deux, ne bougez pas, ordonna Emily Hope à Cathy et James.
Tous les regards étaient fixés sur Adam Hope. Leela se laissa examiner en poussant de temps en temps un petit grognement.
– Que cherche papa ? demanda doucement Cathy.
– Pour l'instant, c'est un examen de routine. Il prend son pouls, palpe ses oreilles, son nez, pour voir s'il y a des signes d'infection, expliqua Emily Hope.
– Ah ! Il procède par élimination, précisa Cathy en souriant à sa mère.
– Absolument ! Vous ferez un excellent vétérinaire, Mademoiselle !
– Son pouls est régulier, sa respiration est normale, un peu lente peut-être, rien à signaler du côté des oreilles et du nez. Seules les pupilles sont anormalement dilatées, rapporta M. Hope.
– La respiration et les pupilles dilatées sont

probablement des signes de stress. Ce qui n'est pas surprenant, vu les circonstances, commenta Mme Hope.
– Rien d'autre ? demanda Sandie.
– Non. Je dirais que Leela va bien. Pour un examen plus approfondi, il faudrait l'endormir, ajouta Adam Hope.
– Non. Je ne pense pas que ce soit nécessaire, dit Sandie. Ma fameuse intuition a dû me jouer un tour. Merci pour la consultation.
– De rien. Vous avez remarqué que Leela a toujours du lait ? Ses petits l'ont tétée il n'y a pas très longtemps, ajouta M. Hope.
– Oui, j'ai noté. Elle a dû les allaiter il y a cinq ou six heures.
– Combien de temps les bébés peuvent-ils survivre sans être nourris ? s'inquiéta Cathy.
– Un jour ou deux, répondit Sandie. Leela leur a certainement donné aussi un peu de viande.
Rassuré par le diagnostic de Adam Hope, Sipho, jusque-là silencieux, intervint :
– Les petits n'ont donc pas disparu depuis très longtemps. Il faut chercher dans les parages.

– Tu as raison, Sipho, approuva Sandie. Allons-y. Il faut s'assurer qu'ils ne sont pas blessés. Voulez-vous tous m'aider ?

Cathy et James échangèrent un regard étonné, puis acquiescèrent avec enthousiasme.

Les enfants s'enfoncèrent dans les ronces. Il faisait très chaud. Après un quart d'heure de recherches, ils étaient en sueur. Sipho et les parents de Cathy battaient les fourrés quelques mètres plus loin.

Une heure plus tard, tout le monde revint bredouille.

Deux grands oiseaux s'envolèrent d'un ébénier, les faisant sursauter.

– Ce sont des aigles, déclara James.

Cathy rit nerveusement et dit :

– Un instant, j'ai cru que c'était des vautours.

– Moi aussi ! répondit James en grimaçant.

Ils avaient pensé la même chose : si les petits léopards étaient blessés, les rapaces les trouveraient avant eux.

Le petit groupe se désaltéra à l'ombre de la Jeep. Cathy profita de ce moment de repos pour poser à son père la question qui la tourmentait depuis le matin. Elle savait qu'il dirait la vérité, même si elle était dure à entendre :

– Papa, quelles sont les chances de retrouver les petits de Leela vivants ?

– Minces, j'ai bien peur. On ne peut malheureusement pas sauver tous les animaux, ma chérie. Tu t'en rendras compte toi-même si tu deviens vétérinaire, répondit Adam Hope en s'essuyant le front.

– Je sais. Merci, Papa, murmura-t-elle.

Sandie et Sipho avaient décidé d'élargir le champ des recherches. Épuisée, Cathy demanda à James, accroupi près d'un buisson de cactus :

– Tu as trouvé une trace des petits ?

– Non. Pas encore, répondit-il, essoufflé.

– Moi non plus, soupira-t-elle, découragée. De dépit, elle donna un coup de pied dans une touffe d'herbe. Soudain, devant elle, elle aperçut un objet brillant sur le sol.

– Qu'est-ce que c'est ? demanda-t-elle en

poussant du bout de sa chaussure une étroite tige de métal.

James déplaça une motte de terre et Cathy vit distinctement une pointe bleue à l'extrémité de la tige.

– C'est une flèche anesthésiante ! s'écria-t-elle.

– Tu as raison !

James se pencha pour la ramasser.

– Non ! Ne touche pas, James !

– Mais qu'est-ce qu'elle fait là ? demanda James en reculant.

– J'ai l'impression qu'on a essayé de droguer Leela !

– Quoi ? s'exclama James.

– Je vais chercher papa et maman, attends-moi ici.

Emily Hope arriva en courant. Elle enfila une paire de gants en plastique et saisit l'objet avec précaution.

– Cette flèche a effectivement été utilisée récemment. On sent encore l'odeur du produit, et le sang est frais, annonça-t-elle en la montrant à Sipho et Sandie.

– Sandie, vous aviez raison de penser que Leela n'était pas dans son état normal, déclara M. Hope. Ses pupilles dilatées et sa respiration lente indiqueraient donc qu'elle a été anesthésiée. Il faut vérifier.
Leela était allongée sous un arbre, à l'abri de la chaleur.
– Brave fille ! Laisse-moi t'examiner d'un peu plus près, lui murmura Sandie en la caressant.
Elle passa doucement ses mains tout le long du corps de l'animal. Sur le flanc droit, elle découvrit ce qu'elle cherchait :
– Voilà la blessure toute fraîche.
Adam Hope alla prendre sa trousse dans la voiture.
– Je vais soigner la plaie pour éviter l'infection, déclara-t-il.
Il coupa les poils autour de la blessure, puis la nettoya avec une crème antiseptique.
– Il ne faut pas lui donner un antidote au produit anesthésiant ? demanda Cathy.
– Je ne crois pas. Qu'est-ce que tu en penses, Emily ?

– Ce n'est pas nécessaire. Les effets de la drogue semblent s'être dissipés maintenant.

– Elle a eu assez d'émotions pour aujourd'hui, ajouta Sandie.

Leela s'assoupit, la tête posée sur les genoux de Sandie.

– Qui a bien pu vouloir l'endormir ? intervint James.

– Ceux qui ont fait ça ont peut-être aussi enlevé ses petits ? suggéra Cathy.

– J'en ai bien peur, approuva Sandie.

– Les ont-ils… ?

James n'osa pas finir sa phrase.

– Je doute qu'ils aient été tués, les rassura Sipho.

– Comment en être sûr ? En Inde, on tue bien les tigres pour leur fourrure et on utilise certaines parties de leur corps pour fabriquer des médicaments, frémit Cathy.

– Cathy, nous sommes en Afrique, pas en Inde, objecta Emily Hope.

– C'est juste ! Ici, on ne se sert pas des léopards pour ce genre de pratiques, ajouta Sandie. De plus, c'est à Leela qu'on s'en

serait pris, pas à ses petits.
– C'est légal, de vendre des peaux de léopard ? demanda Cathy, dégoûtée.
– Dans certaines régions d'Afrique du Sud il est permis de les chasser, intervint Sipho.
– Pourquoi voulaient-ils les petits vivants ? s'enquit James.
– Sandie, vous avez dit que Tasha avait été enlevée pour un collectionneur. S'il était arrivé la même chose aux petits de Leela ? suggéra Cathy.
– Il y a effectivement des gens qui paient des fortunes pour posséder un animal « exotique ». Je trouve cette histoire vraiment très étrange. Il faudrait vérifier si d'autres animaux n'ont pas été volés, déclara Sandie.
Cathy était soulagée à la pensée que les petits de Leela étaient vivants, et elle était déterminée à faire tout son possible pour les retrouver.
– Viens, ordonna-t-elle soudain à James.
– Où donc ?
– Allons chercher de nouveaux indices, là

où nous avons trouvé la flèche.
– Attends, Cathy. Avant de poursuivre nos recherches, nous avons tous besoin d'un peu de repos, intervint Emily Hope.
– Mais il n'y a pas de temps à perdre ! s'écria Cathy, impatiente.
– Je vous accompagne. Si les ravisseurs ont laissé des traces, nous les trouverons ! proposa Sipho.

11

Cathy et James contemplèrent la brousse qui s'étendait autour d'eux : autant chercher une aiguille dans une meule de foin !

– Par où commencer ? demanda James.

– Aucune idée ! répondit Cathy.

Sipho, amusé par leurs mines découragées, leur dit en souriant :

– Souvenez-vous, nous sommes en Afrique. Si vous êtes attentifs, ce pays peut vous révéler ses secrets. Venez, je vais vous montrer.

Il les conduisit à quelques mètres de là et s'accroupit dans les hautes herbes :

– C’est ici que vous avez trouvé, n’est-ce pas ?
Impressionnés, Cathy et James hochèrent la tête.
– Regardez bien. Voici la marque de vos pieds. Ici, ceux de Cathy, et là, ceux de James.
– Comment pouvez-vous dire ça ? Je ne vois que de l’herbe, s’étonna Cathy.
– C’est facile quand on sait ce qu’on cherche. Il y a différentes sortes d’herbes et les pas laissent des empreintes plus ou moins nettes. Pour faire parler l’herbe, il faut savoir l’observer, l’écouter, la sentir…
– Ça va nous prendre cent ans ! souffla James.
Cathy approuva. Tout ça avait l’air bien compliqué. Elle rebroussa chemin et poursuivit son enquête par ses propres moyens. Pliée en deux, elle chercha pendant dix minutes. Elle se releva en grimaçant.
– À ce rythme-là, on n’y arrivera jamais ! Tu trouves quelque chose, James ? grommela-t-elle.

– Attends ! Je vois briller un objet…
– Attention, c'est peut-être une autre flèche empoisonnée !
– Non, je ne crois pas… Je l'ai !
Il tendit la paume de sa main. Cathy découvrit un petit morceau de métal triangulaire, strié. Une des extrémités était plate et de couleur plus claire.
– J'ai déjà vu ça quelque part, sursauta Cathy.
– Où donc ? Essaie de te rappeler, la pressa James.
– Je ne me souviens pas, bredouilla Cathy.
– Quoi de neuf? s'enquit Sipho.
James montra le morceau de métal.
– Très bien ! Vous voyez que vous savez chercher des indices ! Moi aussi, j'ai découvert quelque chose, venez voir.
– Regardez, dit-il en désignant de petites taches brunes sur le sol.
– Du sang ! C'est celui de Leela ou de ses petits ? demanda Cathy, le souffle coupé.
– Celui de Leela, je pense. C'est l'endroit où elle s'est laissée tomber et a dû perdre la

flèche. Puis elle a essayé de rejoindre ses petits avant de s'effondrer, expliqua Sipho.
Cathy et James pâlirent. Ils étaient sous le choc.
– Il y a d'autres indices par là, mais si vous ne souhaitez pas…, commença Sipho.
– Si ! Si ! On vous suit, décida Cathy en entraînant James.
– Ici, on distingue les empreintes de trois hommes. Juste là, deux d'entre eux se sont agenouillés. On dirait qu'ils avaient une caisse avec eux, car il y a des éclats de bois sur le sol. Et regardez ça !
Il ouvrit sa main et leur montra une petite touffe de fourrure de couleur crème.
Cathy était bouleversée. Des larmes de rage lui montèrent aux yeux.
– Vous voyez ces traces de pneus ? On les trouve sur les Jeeps récentes, ajouta Sipho.
Soudain, Cathy s'écria :
– Je sais ! C'est un morceau du bouchon de radiateur… Un aigle avec les ailes déployées. On l'a vu sur la Jeep noire à l'hôtel de Letaba. Tu te souviens, James ?

– Oui ! On regardait la voiture quand cet affreux bonhomme nous a demandé de déguerpir. Alors, c'est eux ! C'est pour ça qu'ils étaient si bizarres !

– C'est vrai qu'ils n'étaient pas très contents de nous voir, observa Sipho.

– Il faut aller tout raconter ! s'écria Cathy.

– J'espère que nous avons assez d'indices. Les autorités ne nous croiront pas sur parole. Elles voudront des preuves…, s'inquiéta Sipho.

– J'ai ce qu'il faut, l'interrompit James.

Il fouilla dans ses poches et en sortit un morceau de papier froissé. Sipho le lissa et déclara en souriant :

– Oui. C'est exactement ce dont on a besoin ! Bravo, James !

– C'est quoi ? demanda Cathy, impatiente.

– Le numéro d'immatriculation de la Jeep ! J'ai oublié de te dire que je l'avais relevé.

– James ! On ne t'a jamais dit que tu étais génial ? s'exclama Cathy.

– … Et Sipho a été tellement génial. Il a

regardé l'herbe, et il a tout découvert ! racontait Cathy à Sandie et à ses parents.
– Non. Vous avez été formidables ! Qui est-ce qui a trouvé le bouchon et noté le numéro de la Jeep ? lança Sipho.
– Il faut tout de suite alerter la base, déclara Sandie. Les petits de Leela ont été enlevés il y a à peine quelques heures ! Les ravisseurs ne doivent donc pas être loin.
Sipho courut chercher la radio dans la Land Rover.
– Où sont les petits, maintenant ? demanda Cathy à Sandie.
– C'est bien là le problème. Ils peuvent être retenus dans une réserve privée, jusqu'à ce que leur « propriétaire » arrange leur passage. Mais ils peuvent aussi être déjà en route vers la frontière du pays.
– Est-ce que les ravisseurs savent s'en occuper ? intervint James.
– Sûrement pas, répondit Adam Hope. Il faut de la patience et un certain savoir pour veiller sur des bébés félins. Et je doute fort que les voleurs aient ces qualités.

Cathy était très inquiète. Les petits pouvaient survivre un jour ou deux sans être allaités. Ils étaient peut-être encore en vie, mais pas hors de danger.

Sipho revint avec la radio. Sandie l'alluma et chercha la fréquence de la base.

– Allô, ici Sandie Howard, ici Sandie Howard, vous m'entendez ?

– Allô, Sandie ? Ça va ? C'est Mmatsatsi Ngomane. Tout le monde est à l'hôtel en train de fêter un anniversaire. Je peux vous aider ?

– Bonjour, Mmatsatsi. Écoutez-moi attentivement, s'il vous plaît. C'est important. Les petits de Leela ont été enlevés. Il faudrait que vous…

Sandie donna tous les détails. Mmatsatsi promit d'avertir immédiatement la police et les autorités de la réserve.

– Mais qu'allez-vous faire de Leela ? s'enquit-elle.

– Je vais la ramener à la base. Je ne peux pas la laisser errer comme une âme en peine à la recherche de ses petits.

– Alors, vous aurez besoin d'aide. Si vous

me donnez votre position, j'appellerai la base la plus proche, et ils vous enverront un véhicule.
– Merci, Mmatsatsi. C'est parfait. Je vous passe Sipho, il veut vous dire bonjour. Je vous rappellerai dans quelques heures pour savoir si vous avez du nouveau.
Sandie tendit la radio à Sipho.
– Je crains que le camion n'arrive pas avant la tombée du jour. Et nous ne pouvons pas retourner à la base de nuit, annonça Sandie.
– Non. Nous devons éviter de traumatiser davantage Leela, approuva M. Hope.
– Nous allons donc camper ici cette nuit? demanda Cathy.
– J'en ai bien peur, soupira Sandie.
– Oh, il n'y a pas de problème pour nous! déclara Cathy, enchantée.
Les deux enfants se réjouissaient de passer la nuit dans une tente près d'un léopard.
Mais Sandie insista pour que Cathy, James, M. et Mme Hope dorment dans la Land Rover. Sipho et elle dresseraient une tente et prendraient leur tour de garde, la carabine à

portée de main. Elle avait confiance en Leela, mais il ne fallait jamais oublier qu'un léopard reste un léopard !

12

Sipho fit cuire une boîte de conserve sur un réchaud à paraffine. Cathy, affamée, mangea avec appétit. Sandie rappela la base. Paul, l'assistant de Sipho, était de retour et informa Sandie de la situation.

– Les trois hommes sont connus de la police, rapporta Sandie. L'un d'eux, Benjamin Renett, aurait d'étroits contacts avec un riche fournisseur d'animaux exotiques aux États-Unis. Renett serait responsable du vol de nombreux animaux dans les parcs d'Afrique du Sud. La police

est déterminée à lui mettre la main dessus.
– Je comprends ! murmura James.
– Benjamin Renett ! Au parking de Letaba, quelqu'un a appelé le grand homme blond Ben. C'est lui ! s'exclama Cathy.
Elle fronça les sourcils. Elle ne comprenait toujours pas pourquoi ces hommes avaient eu un comportement aussi bizarre. Elle regarda Sipho, assis en face d'elle, qui portait sa chemise kaki avec le logo de la base sur sa poche. Soudain, tout lui parut clair.
– Ça y est ! Je sais pourquoi Ben Renett et ses amis ont disparu aussi vite. C'est la chemise de Sipho. Ils ont dû voir le logo.
– Tu as raison, dit son père.
– Sûrement ! Pas étonnant qu'ils étaient nerveux ! commenta Sandie.
Le crépuscule avait fait place à l'obscurité, et tout le monde s'installa pour la nuit. Malgré l'inconfort de la Land Rover, Cathy s'assoupit quelques heures. Elle se réveilla tôt, inquiète pour les petits de Leela. Elle se demandait si la police parviendrait à arrêter Renett et ses complices.

Brusquement, dans le calme du matin, retentit le cri déchirant de Leela appelant ses petits. À travers les vitres de la voiture, Cathy vit Sandie qui consolait la maman léopard. La jeune femme lui fit signe de venir.

– Tu peux t'approcher, la rassura-t-elle.

Cathy se dirigea vers Leela et tendit sa main. L'animal ronronna doucement et laissa Cathy lui caresser la tête. Puis, pour la plus grande joie de la fillette, le léopard frotta sa joue contre sa paume.

– Merci, murmura Cathy.

Elle était tellement émue que ce magnifique animal puisse être son amie ! La fourrure de Leela était épaisse et brillante ; ses yeux dorés, soulignés de blanc, brillaient dans son pelage crème, moucheté de taches brun foncé.

Cathy passa quelques précieuses minutes à réconforter Leela. Elle se demandait si ses petits lui ressemblaient et si jamais ils les verraient.

La voiture de la réserve voisine arriva bientôt, avec deux hommes à bord.

– Bonjour, lança le chauffeur. On nous a dit que vous aviez besoin d'un véhicule pour transporter un léopard. Mon collègue et moi, nous sommes venus avec une remorque et des fusils à flèches.

Les deux hommes jetèrent un coup d'œil à Leela, allongée au soleil à quelques mètres d'eux.

– Je pensais qu'on aurait d'abord à l'attraper. Comment se fait-il qu'elle soit si près ? demanda l'un d'eux, étonné.

– C'est un léopard spécial. Elle a été élevée par Sandie, leur expliqua Sipho.

– Très bien. On vous laisse régler les détails vous-mêmes. Nous, on va se dégourdir les jambes, d'accord ? répondit l'homme, toujours sur ses gardes, en entraînant son compagnon.

– J'ai peur de la réaction de Leela si on lui décoche une autre flèche. Nous sommes là pour la rassurer et gagner sa confiance, confia Sandie à Emily Hope.

– Si on l'endort, Leela va croire qu'on veut lui faire des choses horribles, ajouta Cathy.

– Elle n'aura pas le temps de réaliser ce qui lui arrive. Ce sera juste un petit moment désagréable, et elle se réveillera en sécurité, dans son *boma* à Ubungane, dit Emily Hope gentiment mais fermement.
– Il n'y a pas une autre solution ? Tu ne pourrais pas lui faire une injection de sédatif, par exemple ? Comme ça, Sandie pourrait la rassurer pendant qu'elle s'endort, insista Cathy.
– Non, Cathy, ce n'est pas possible. Une piqûre est beaucoup trop dangereuse. Personne ne peut garantir que Leela se tiendra tranquille, et l'aiguille peut se casser. Qui prendrait le risque de faire une injection à un léopard sauvage, complètement imprévisible ?
– Moi, dit calmement Adam Hope. Je trouve que Cathy a raison, bien que je sois d'accord avec toi sur le principe. Leela a été sage comme une image quand j'ai nettoyé sa blessure, et je fais confiance à Sandie pour la tranquilliser pendant que j'administrerai le sédatif.

– Si tu te sens capable..., soupira Emily. Cependant je préférerais que Sipho soit près de toi avec un fusil au cas où...
– Merci, Adam, se réjouit Sandie. Ne vous inquiétez pas, Emily, je prendrai soin de lui.
– J'espère bien ! Je n'ai qu'un mari !

Les deux hommes aidèrent Sipho à atteler la remorque à la Land Rover. Sandie caressait Leela et lui parlait doucement tandis que Cathy, James et Emily Hope regardaient la scène de l'intérieur de la voiture. Sipho tenait une carabine à la main.
Adam Hope remplit une seringue de produit et s'approcha de Leela.
– Tu te souviens de moi, n'est-ce pas ? dit-il en s'agenouillant.
Il attrapa fermement le cou du léopard et fit la piqûre. Leela poussa un petit grognement de surprise, mais resta sage. Puis, confiante, elle suivit Sandie vers la remorque. Arrivée en haut de la passerelle, elle hésita.
– Allez, Leela, viens ! l'encouragea affectueusement Sandie.

Le léopard emboîta le pas de Sandie et entra dans la remorque.
Cathy et James se précipitèrent vers Adam Hope. Cathy enlaça son père :
– Bravo, Papa ! Tu as été génial !
– Vous n'avez pas eu peur ? demanda James, impressionné.
– Moi ? Pas du tout ! fanfaronna le vétérinaire.
Emily Hope s'approcha de son mari.
– Félicitations, Adam, dit-elle en l'embrassant.

13

Tous montèrent en voiture pour rentrer à la base. À ce moment-là, une voix grésilla dans l'émetteur :
– Allô ! C'est Paul de Ubungane. J'ai un message pour Sandie Howard. Vous m'entendez ?
– Paul ? C'est Sandie.
– Sandie ! J'ai d'excellentes nouvelles pour vous. La police a attrapé Renett et ses complices. Ils ont été pris en flagrant délit alors qu'ils s'apprêtaient à décoller d'un aéroport privé avec un oribi, un nyala et

deux bébés léopards !

– C'est fantastique ! Les petits vont bien ? demanda Sandie, qui n'en croyait pas ses oreilles.

– La police les ramène ici, à Ubungane. Tout ce qu'on sait, c'est qu'ils sont vivants.

Vivants ! Cathy bondit de joie.

– Ça se passe comment, là-bas, Sandie ? Tout va bien ? reprit Paul.

– Oui, pas de problème. Nous sommes sur le chemin du retour avec Leela. Nous devrions atteindre Ubungane dans trois heures environ.

– Très bien. D'ici là, les petits seront arrivés, se réjouit Paul.

– Merci, Paul. À tout à l'heure, dit Sandie avant d'éteindre la radio.

– Vous avez entendu ça ? s'exclama-t-elle.

– C'est merveilleux ! se réjouit Emily Hope.

– C'est la plus belle des nouvelles ! affirma Cathy.

Cependant, elle s'inquiétait toujours pour la santé des bébés léopards. Ils n'avaient rien mangé depuis de longues heures, et ils étaient certainement enfermés dans une caisse de bois mal aérée, faibles et traumatisés. Cathy espérait qu'ils survivraient.

Le voyage du retour lui parut interminable. Quand ils arrivèrent enfin à Ubungane, David, Sophie et Lindiwe se précipitèrent à leur rencontre.

– La police a retrouvé Tasha ! s'écria Sophie joyeusement.

Mais Cathy était préoccupée par les petits de Leela.

– Les bébés léopards sont là ? demanda-t-elle vivement.

– Oui, depuis quelques minutes. Paul les a emmenés à l'infirmerie. Vous voulez y aller ? leur proposa Lindiwe.

Cathy était partagée entre l'envie d'aller voir les petits et celle d'assister au retour de Leela dans son *boma*.

– Sandie nous a demandé, à ta mère et à moi, d'aller à l'infirmerie pour donner un coup de main, dit Adam Hope. Elle-même va installer Leela et elle nous rejoindra. Vous venez avec nous, les enfants ?

– Oh oui ! s'exclama James.
Cathy suivit le groupe avec empressement.
– Ces petits léopards ont besoin de soins, annonça Paul en les accueillant sur le pas de la porte.
Il les conduisit dans une salle moderne et bien équipée.
– Voilà comment ils sont arrivés, montra-t-il.
Une caisse de bois était posée sur le sol. Une odeur aigre se répandait dans la pièce. À travers les planches, on distinguait un paquet de poils mouillés.
– Oh, c'est de la barbarie ! s'exclama Emily Hope. J'espère que les ravisseurs auront ce qu'ils méritent !
– Les amendes et les peines de prison sont lourdes pour les trafiquants d'animaux, l'informa Paul.
– Adam Hope souleva le couvercle de la caisse.
– Oh ! Les pauvres ! souffla Cathy.
L'un des bébés léopards leva une tête tremblante et renifla l'air. Son pelage était terne et ses yeux dorés brillaient de frayeur.

L'autre bougeait à peine. Efflanqué, il était tapi au fond de la caisse et ne pouvait ouvrir ses yeux collés.

– Il faut les mettre tout de suite sur la table d'examen, déclara Adam Hope.

Cathy, au bord des larmes, et James, livide, regardèrent M. et Mme Hope extraire doucement les petits animaux de leur prison.

– Celui-ci, c'est un mâle. Allez, mon vieux, on va t'examiner. Cathy, tu peux me passer le thermomètre ? demanda Adam Hope.

– Son pouls est faible, et sa température un peu élevée. Mais ses voies respiratoires sont dégagées, il n'y a pas d'infection de ce côté-là, diagnostiqua Adam Hope. Mais regarde comme il est maigre, Cathy.

– Il doit mourir de faim ! Il a besoin du lait de sa mère !

– C'est juste, mais nous ne pouvons pas les rendre à Leela maintenant. Ils doivent rester en observation quelques jours, annonça Adam Hope.

– Il faudra les nourrir au biberon ? demanda Cathy.

– Oui, et pour cela, je compte sur vous, répondit son père.
– Avec plaisir ! s'écrièrent James et Cathy d'une seule voix.
Emily Hope examinait l'autre bébé léopard.
– C'est une femelle. Elle a l'air mal en point. Elle est complètement déshydratée, déclara-t-elle.
– Comment le voyez-vous ? voulut savoir James.
– Regarde comme la peau est molle et flasque. Celle d'un animal en bonne santé est souple et bien tendue, expliqua Emily Hope. Je n'aime pas non plus cette infection à l'œil. Il faut la nettoyer.
Cathy aida sa mère en lui passant des tampons de coton. Le pus fut retiré, mais le léopard avait toujours l'œil à moitié fermé.
– Enfile une paire de gants et tiens-la un instant, ma chérie, demanda Emily Hope.
Cathy s'exécuta et prit l'animal des mains de sa mère. Il ne pesait presque rien et n'avait que la peau sur les os.
– Tu es en sécurité maintenant, murmura-t-

elle en effleurant de ses lèvres la tête du petit léopard. Papa et maman vont te guérir.
Emily Hope sortit de l'armoire à pharmacie un flacon et une seringue.
– Je vais lui administrer un antibiotique pour soigner l'infection, expliqua-t-elle.

Tandis qu'Adam Hope finissait de l'examiner, le petit mâle se mit à miauler.
– Tout faible qu'il est, il a encore assez d'énergie pour se débattre ! C'est bon signe. Il n'a rien de cassé et aucune blessure. Il va juste falloir lui donner un peu de liquide, conclut Adam Hope.
Cathy fut rassurée par ces nouvelles, mais elle se faisait du souci pour la petite femelle. L'animal était allongé sur la table sans bouger, la bouche entrouverte.
– Tu crois qu'elle va s'en tirer, Maman ? demanda-t-elle.
– Je ne sais vraiment pas, ma chérie. Les prochains jours seront déterminants.
Cathy refoula ses larmes. Une boule lui noua la gorge.

– Le mâle s'appellera Toto et la femelle, Petra, déclara Sandie, qui venait de les rejoindre.

– C'est mignon comme noms, approuva Cathy.

Elle regarda à l'intérieur de la cage spacieuse où les deux léopards étaient pelotonnés sur la paille fraîche. Toto s'étira et bâilla. Petra, profondément endormie, ronflait légèrement.

– On dit que le sommeil est le meilleur remède. Ce n'est pas faux, remarqua Adam Hope.

– Eh bien, moi, je ne dormirai que lorsque je serai sûre que ces deux-là sont hors de danger, lança Sandie.

14

Le lendemain matin, Cathy était prête de bonne heure.

– Je vais voir Toto et Petra. Tu viens? demanda-t-elle à James.

– Oui. Attends-moi, grommela-t-il en cherchant ses lunettes à tâtons.

À l'infirmerie, ils trouvèrent Sipho.

– Comment vont les petits? questionna Cathy, anxieuse.

– Jugez vous-mêmes, répondit Sipho en souriant.

Toto était réveillé et regardait à travers les

barreaux. Il cligna des yeux et grogna doucement. Petra, immobile, était blottie au fond de la cage. Cathy eut un instant de panique avant de percevoir le bruit de sa respiration. Puis la petite femelle s'étira et leva la tête. Elle s'étendit sur le côté et observa Cathy et James qui caressaient Toto.

– Regarde ! Petra peut ouvrir les yeux maintenant, s'exclama James.

– Oh oui ! C'est génial ! Et son nez est humide. Hier il était sec et chaud, ajouta Cathy.

Ils retournèrent au village pour apporter la bonne nouvelle. Ils trouvèrent M. et Mme Hope en train de prendre leur petit déjeuner sur la terrasse.

– Bonjour les enfants, dit Adam Hope. Nous sommes passés vous chercher, mais vous étiez déjà partis pour la base.

– Tout va bien là-bas. Toto tourne en rond dans sa cage, et les yeux de Petra ne sont plus infectés ! rapporta Cathy.

– Les petits animaux sont plus forts qu'ils

paraissent, remarqua Adam Hope. J'irai les voir tout à l'heure.

– Quand les petits pourront-ils retrouver leur mère ? se renseigna James.

– Il faut demander à Sandie, c'est elle la spécialiste, répondit Emily Hope.

– Allons-y, s'écria Cathy, prête à s'élancer vers le bungalow de Sandie.

Mais James, lui, était bien décidé à prendre son petit déjeuner.

– … après avoir mangé, finit-elle alors en souriant.

– Ça tombe bien. Il reste plein de bonnes choses au buffet. Servez-vous ! dit Emily Hope.

Cathy prit quelques fruits et s'installa dehors. Elle admirait le matin africain. Des oiseaux aux couleurs éclatantes voletaient dans les arbres. Elle pensa avec tristesse que la première semaine des vacances touchait à sa fin.

– Au fait, quand revient Levina ? demanda-t-elle à sa mère.

– Demain ou après-demain, je crois.

– On va avoir des tas de choses à lui raconter ! marmonna James, la bouche pleine.
– Quelle aventure ! renchérit Cathy. Et il reste encore deux semaines !
Elle se réjouissait de montrer les deux petits à Levina. Pourvu qu'ils soient complètement rétablis d'ici là ! Elle croisa les doigts et poursuivit :
– On va chercher Sandie maintenant ?
– Elle doit être occupée à donner le biberon aux petits de Leela, dit Adam Hope malicieusement.
Cathy et James partirent en courant.

Sandie avait préparé deux biberons et était en train de sortir Toto de sa cage.
– Cathy, tu veux nourrir Petra ? proposa-t-elle.
– Oh oui ! souffla Cathy.
Elle s'installa sur une chaise, la petite femelle sur ses genoux. Petra cligna des yeux et miaula faiblement. Cathy fit couler une goutte de lait sur son doigt et l'approcha de la bouche du bébé léopard. Petra sortit sa

petite langue rose pour goûter. Elle fronça le nez, chercha le biberon et se mit à téter goulûment.

Plus tard, tandis que M. et Mme Hope examinaient les petits, Cathy et James nettoyèrent leur cage. Ils finissaient d'étaler la paille fraîche quand Sandie entra dans la pièce.
– Vous êtes sûrs que ce sont les mêmes? plaisanta-t-elle en souriant à Toto et Petra qui exploraient un carton.
La queue fouettant l'air, Toto, tapi d'un côté de la boîte, épiait sa sœur. Petra fit un mouvement, et les oreilles rondes de Toto pivotèrent vers le bruit. Soudain, il bondit, prêt à attaquer, mais Petra s'esquiva lestement et lui donna un coup de patte sur la tête. Toto s'immobilisa et poussa un grognement de surprise.
Tout le monde éclata de rire.
– Petra est plus petite, mais elle sait se défendre! remarqua James, admiratif.
Sandie prit Toto dans ses mains:

– Vous avez vu les petites taches sur son dos ? Ce sont les mêmes que celles de Leela. Je suis sûre que ces deux-là vont s'en sortir, ajouta-t-elle en ramassant Petra.
La tête penchée, la petite femelle regardait Cathy. Ses oreilles paraissaient trop grandes pour son petit corps.
– Toto est guéri, et Petra va beaucoup mieux. Eh bien, mes enfants, le moment que nous attendions tous est arrivé, annonça Sandie.
– Vous voulez dire que… les petits peuvent retourner auprès de Leela ? demanda Cathy, tout excitée.
Sandie acquiesça.
– C'est génial ! s'exclama James. On peut venir voir ?
– Bien sûr ! Sans vous, on n'aurait jamais retrouvé Toto et Petra.
Cathy enfouit son visage dans la fourrure de Petra.
– Tu vas retrouver ta maman, murmura-t-elle, avant de la remettre dans sa cage.
– J'espère que Leela va les accepter ! dit Sandie.

15

De retour au *boma*, ils trouvèrent Leela allongée sur une branche. Les yeux et les oreilles en alerte, elle tourna la tête vers eux, puis brusquement elle gronda et gagna la partie supérieure de l'arbre.

Sandie posa la cage avec les petits près de la clôture du *boma*. Cathy et James restèrent en retrait. Cathy était inquiète : et si Leela ne voulait plus de sa progéniture ?

Les petits léopards avaient senti l'odeur de leur mère. Ils se mirent à pousser des cris affamés en se bousculant pour s'approcher

d'elle. Leela bâilla et descendit lentement de l'arbre. Puis elle s'assit et bâilla de nouveau.
– Elle n'a pas l'air intéressée, dit James, déçu.
Leela faisait sa toilette, ignorant les cris de ses petits. Elle lécha sa patte avant, puis la passa derrière son oreille. Sandie l'appela doucement :
– Viens, Leela ! Viens, ma belle !
Leela dressa les oreilles et s'approcha de Sandie, qui ouvrit la cage et prit Toto.
– Tu vois, Leela ? C'est ton petit. Sens-le. Tu le reconnais ?
Cathy retenait son souffle. « S'il te plaît, Leela », suppliait-elle en silence.
Leela renifla le petit léopard. Elle sembla troublée. Pourtant, elle se détourna. Soudain, du fond de la cage, Petra poussa un long cri. Leela dressa les oreilles, revint sur ses pas, pressa son museau contre la clôture et donna un timide coup de langue à Toto.
– Ça marche ! souffla Cathy.
Toto frétillait et poussait des miaulements. Dans la cage, Petra continuait de gémir.

Leela émit un cri particulier.
– Ça y est, elle les appelle ! s'exclama Cathy.
– Cathy, tu peux amener Petra ? demanda Sandie, rayonnante.
Cathy porta Petra vers la porte. Sandie déposa les petits à l'intérieur. D'une démarche hésitante, ils trottinèrent vers leur mère en miaulant. Leela les renifla, se mit à les lécher, puis s'allongea sur le côté pour les allaiter.
Cathy, fière et heureuse, ne pouvait pas détacher les yeux de l'émouvant spectacle.
– Merci encore à tous les deux ! dit Sandie. Grâce à vous, ces petits grandiront libres.

***

– Quelle idée de vouloir observer les oiseaux ! murmura James à Cathy. J'aurais préféré rester avec Leela et ses petits.
Accompagnés de Sandie, ils étaient montés sur une colline surplombant un petit étang.
– Sandie a dit qu'elle avait quelque chose à nous montrer, répondit-elle.

– Tout à fait, confirma Sandie. Hier, on m'a signalé le passage de spécimens intéressants.

Cathy ajusta ses jumelles et scruta le paysage. Près de la rive, elle perçut un mouvement dans les fourrés. Soudain, elle découvrit une forme noire au poil luisant. Puis elle vit nettement la tête aux grandes oreilles et les muscles puissants d'un corps qui se déplaçait avec souplesse. Elle distingua même les taches sur le pelage : une panthère noire !

– Je la vois ! s'écria-t-elle.

Cathy contint son enthousiasme tandis que l'animal grimpait sur un rocher. De ses yeux vert clair, la panthère semblait regarder fixement Cathy.

– Oh, non ! J'ai oublié mes jumelles, grommela James.

– Tu peux prendre les miennes, lui proposa Sandie.

– Dépêche-toi, lui souffla Cathy.

James parcourut lentement le paysage, puis il s'écria :

– Oh ! Une panthère noire ! Une vraie ! C'est fantastique !

Cathy et Sandie échangèrent un sourire complice. Cathy jeta un dernier coup d'œil sur le majestueux félin avant qu'il disparaisse.

James avait réalisé son rêve : il avait vu une panthère noire. Et à la base, Leela et ses petits les attendaient. C'était plus qu'il n'en fallait pour leur bonheur !

FIN

AVIS AUX LECTEURS

Toi aussi tu aimes beaucoup les animaux ?
Tu peux en parler à Lucy Daniels, si tu veux,
en écrivant à :
Bayard Éditions Jeunesse
Lucy Daniels - Série SOS Animaux
3, rue Bayard
75008 Paris

EXTRAIT

Et voici une autre aventure
de Cathy et James
dans

LE PHOQUE PRIS AU PIÈGE

S.O.S. ANIMAUX

6

Mary McLeod examina attentivement le petit phoque.

– Il va avoir besoin de deux sortes d'antibiotiques et d'un médicament antiparasite, expliqua-t-elle. Il s'est légèrement blessé à la nageoire postérieure, et ses poumons sont infectés.

Par chance, Mary avait chez elle tous ses médicaments.

Mary, Emily et Adam Hope étaient venus à la rencontre de Ross et de Cathy dès qu'ils les avaient aperçus à l'orée du bois avec le blessé. Tout le monde s'était comporté avec beaucoup de calme. Mary décida d'administrer les antibiotiques sous forme liquide, à l'aide d'une sonde gastrique.

Elle demanda à Cathy et à Ross d'amener le bébé phoque dans la salle de bains du rez-de-chaussée.

– Remplis la baignoire d'eau tiède, dit-elle à Cathy.

Puis elle chargea Emily Hope de tenir le bébé phoque fermement sur le sol.

– Nous allons introduire ce tube dans l'estomac. Pourrais-tu m'aider ? demanda-t-elle à M. Hope.

Le bébé phoque tenta de se débattre, mais il n'était pas en état de résister. Cathy surveillait le débit de l'eau, contente de pouvoir se rendre utile.

– Ross, va chercher un sachet de poudre de réhydratation dans ma sacoche qui est dans la voiture.

Mary lui donna les noms de deux autres médicaments qu'il devait lui rapporter.

– À quoi sert la poudre ? s'enquit Cathy.

– Elle contient du glucose et des sels corporels, qui vont contribuer à normaliser les niveaux de fluides. Il faut mélanger cette poudre avec de l'eau, Cathy. Tu n'as qu'à prendre le broc en plastique sur l'étagère, juste derrière toi.

Dès que Ross revint avec les médicaments, Cathy suivit les instructions de Mary, qui fit couler le liquide dans le tube d'une main experte.

– Voilà, dit-elle lorsqu'elle eut versé la dernière goutte dans l'entonnoir.

La mère de Cathy attendit que M. Hope ait retiré le tube, puis elle relâcha le bébé.

– Bravo, les enfants, dit-elle à Ross et à Cathy. Vous l'avez ramené juste à temps.

– Il est tiré d'affaire ? lui demanda Cathy en tenant la tête du bébé phoque pendant que Ross appliquait de la crème antiseptique sur sa nageoire.

– Espérons-le. Nous le saurons bientôt.

Satisfaite de leur travail, Mary s'essuya les mains avec une serviette.

– Mais il va falloir le surveiller en permanence pendant les premières vingt-quatre heures, reprit-elle. Je me demande qui va pouvoir se charger de ça…

– Moi ! s'écrièrent Ross et Cathy d'une seule voix.

Ils se regardèrent, échangeant un sourire timide.

– Vous faites une sacrée équipe ! commenta joyeusement Adam Hope.

Ensemble, les enfants installèrent le bébé phoque dans la baignoire. Le petit animal laissa échapper un soupir de bien-être en se vautrant dans l'eau tiède.

– Il a l'air d'aimer ça ! fit Cathy.

Le petit animal avait cessé de gémir et de se débattre et semblait être sorti de sa léthargie. Le changement qui s'était produit avait quelque chose de magique.

– Maintenant, je vais vous expliquer en quoi va consister votre tâche… Le premier jour, il faudra lui administrer quatre ou cinq

EXTRAIT

doses de ce mélange de glucose. À chaque fois, vous devrez vérifier sa température. Au bout de vingt-quatre heures, vous ajouterez au mélange de la bouillie de hareng. Et dès qu'il pourra mâcher et avaler, vous lui donnerez du hareng coupé en petits morceaux.

– Pendant combien de temps ? s'informa Cathy.

– Quelques jours. Ensuite, on verra bien...

S.O.S. ANIMAUX

301. Il faut retrouver Perle !

302. Blaireaux en danger

303. Au secours des loutres

304. Les larmes du dauphin

305. Le panda abandonné

306. Le chevreau abandonné

307. Le phoque pris au piège

308. Sur les traces du léopard

Imprimé en R.F.A. par Clausen & Bosse
Dépôt légal: février 2001
N° d'Éditeur: 6461